一位企业家的创富密码

曾志平◎著

中国言实出版社

图书在版编目(CIP)数据

一位企业家的创富密码 / 曾志平著. -- 北京：
中国言实出版社， 2013.10

ISBN 978-7-5171-0213-7

Ⅰ. ①一… Ⅱ. ①曾… Ⅲ. ①企业管理-经验
Ⅳ. ①F270

中国版本图书馆 CIP 数据核字（2013）第 232850 号

责任编辑：王蕙子

出版发行　中国言实出版社

地　址：北京市朝阳区北苑路 180 号加利大厦 5 号楼 105 室

邮　编：100101

电　话：64966714（发行部）　51147960（邮　购）

64924853（总编室）　64924745（四编部）

网　址：www.zgyscbs.cn

E-mail：zgyscbs@263.net

经　销　新华书店

印　刷　河北三河祥达印装厂

版　次　2014 年 1 月第 1 版　2014 年 1 月第 1 次印刷

规　格　710 毫米×1000 毫米　1/16　9.5 印张

字　数　132 千字

定　价　28.00 元　ISBN 978-7-5171-0213-7

序

创业者商海泛舟，以获得财富为目标，追求生存、发展；凝结人生事业的成果，体现着经营智慧和管理艺术。

自改革开放以来，笔者经营管理企业历时30多年，在实践中，有深刻的感悟，刺激我“不吐不快”，把其中的感悟提炼，记述，结集成《创富宝典》，期盼自我品味同时也供同行分享，感受人生快乐。

这本集子以一个参与者的身份，从企业经营的角度总结经营者做好人、办好事的经验，议论人生，抒写创业心得，探讨致富之路，说明市场经济体制下，创业者的成功来之不易！

在商业经营过程中，不确定因素太多，各人的行为艺术和际遇不同，结果也完全不一样。有的人其职业生涯硕果累累，也有的人半途凋落，无果而终。创业者要在追求经济效益的同时承担社会责任，把获得的财富平静地努力地回报社会。只有顺乎时代潮流，依靠思想力、学习力、资本力、文化力、执行力，整合、配置、提升资源优势创业，做到以德立身（坚守中华民族传统美德），以道立业（坚持社会主义道路）；学会适应社会环境生存之本领，领悟企业成长必须遵循进化论之原则，懂得市场竞争优胜劣汰之规律，破解创业失败密码，构建创富秘诀，活学活用赚钱法则，“信、诚、忍、奋”运作营销，才有可能做到客户满意、效益可观、社会好评、人生快乐。

鉴于笔者笔力所限，多有不足之处，敬请读者谅解。如能有益于后来的创业者，实属笔者内心幸事。

2013 年 5 月

目录

CONTENTS

操 作 篇

感 悟 篇

一位企业家的创富密码

LINIANPIAN

理念篇

一、创造财富的不二法门

谁都希望自己是财富的拥有者，能够事业有成，衣锦还乡。可天上不会掉馅饼，想要拥有财富，仅靠欲望和不切实际的想法是不行的，关键看你怎么做，才能让周围的财富流向你。那么，什么样的事情最值得你去做，也能最快积累财富呢？

有一个姓骆的朋友，于上个世纪八十年代初大学毕业。由于“三代单传”，在家庭压力下，超生了一个孩子，违反了计划生育政策，夫妻双双被开除公职。为生活所迫，在朋友的帮助下，他在惠州环城西街边租了一个小门店，维修自行车、摩托车。

一个偶然的机会，在一个朋友的点拨下，靠“投机”发了一笔小财，很快积累了创业资本，生意开始越做越大。随着财富的增加，他的心态也发生了很大变化。他觉得：活着，就要活得好才是硬道理。活得好，就是要活出人样，有了财富可以昂首挺胸，受人尊重。3 年以后，他放弃了投机生意，转而做实业，购买建设用地，修建工厂，专为 TCL 电子产品做配件。20 多年后，他已经拥有一个占地约 10 万平方米的工业园，员工 1000 多人。2010 年，他的企业年产值达到一个多亿，成为惠州地区首屈一指的电子产品五金配件制造商。

回顾 30 多年的创富历程，他无限感慨地说：“改革开放，让一部分人先富起来。这是一个好政策！我就是想富起来的积极分子，好像有一只隐隐约约的手在推动着自己朝一个方向走。慢慢地真的富起来了，活出个人样来了！生存是硬道理，是归宿，是一切！我糊里糊涂超生是为生存，做生意也是为生存，别无选择。悟者之悟，智者之智。”

他又感叹说：“生意做成今天这样子，给了我一个很好的启发。一个人只要不把面子看得那么重，放得下身段来，机会还是很多的。比如我开单车修理档，又比如我去做投机生意，都是有点难为情的事。不过，我放下了大学生的面子，照做不误，最终获得了成功。如果一个小人物，把‘人格自尊’看得太高，就是一种‘自尊过重’的心理病。把所谓的自尊心看得太重，就会导致一事无成！当初，我作为一个大学生，在大街上替人修理自行车，很多人都不理解，甚至对我不屑一顾！对此，我不在乎，坚持下来，最后发达了。这说明一个道理：只有战胜了自我，才能撇开虚假的自尊！正如人们常说的那句话一样：最大的敌人是自己。我们唯有战胜自己，求真务实，才能有所收获！”

他还说：“在我身边，不少人都通过创业获得了财富，他们的事实告诉我们一个道理：创造财富依靠创业。《史记》中《货殖列传》讲经商做生意是发财致富的不二法门，春秋战国到秦汉时代的政要名人，很多都是经商的高手。尽人皆知的有子贡、范蠡、吕不韦……不胜枚举。大才女卓文君家族也是经营铁业生意。古时，有人是先经商发家致富后才当官，也有人是先当官然后做生意。大名鼎鼎的范蠡，先做官，后经商，三次聚财，三次散财。做生意留下资产，子孙后代得益，留名千古。《货殖列传》中的商人起初是小人物，依靠经商致富，富可敌国，然后办大事成为王者。清代的‘红顶商人’胡雪岩，大名鼎鼎，左宗棠也佩服他，让他为国家出钱出力。

我同意他的看法：当今时代，谁在创造财富？不是有权人在创造财富，也不是有钱人在创造财富，而是有心人在创造财富。

我退休以后创办民营企业，决心做一位创造财富的有心人。10 年时间，给国家缴税累计 9600 多万元，平均每年 1000 万元左右。可以说，我经营的企业获得了一定的成功，它为社会做出了贡献，也为我自己创造了财富。我的经历再一次证明：要创造财富，必须投资创业。

然而，有耕耘，不一定有收获。对于创造财富的有心人来说，在不确定性的情况下，也是前途未卜，要实现目标，谈何容易！

在商品经济的环境下，创业致富就是把投资生产的产品变成商品，卖出去；如果卖不出去，资金无法回笼，投资没有效益，工资、利息、租金无法支付，价值不能实现，导致投资失败。马克思把商品销售阶段称之为商品的惊险跳跃阶段，还一针见血地指出，这个跳跃如果不成功，摔坏的不是商品，而一定是商品的所有者。

那么创业者如何进行创业致富呢？可以通过实业投资劳动来实现；也可以通过资本市场投资，买卖均分，占有财富使货币量不断增加来实现。这就是人们对财富无限追求的内在动力和竞争进取的外在动力。同时，还必须有极强的财富变现意识，让代表财富的货币似雪球一般滚动起来,不断增大。

企业经营最基本的原理是努力为客户提供产品或者服务并从中获得利润。从产品变成商品到消费者，中间流通的几个环节中，有投资也有服务，产品制造者、商品经销商、使用商品的消费者，都是流通过程不可或缺的参与者，都要得到回报，得到收益，分享到实惠，只有这样，这个环节才算圆满，才能继续下一次的循环重复。也就是说，企业创办人要获得利润回报，流通商也要实现商业利润，消费者要从商品或者服务当中满足自我的需求。只有这三者同时满足，才能算是一次完整的企业经营。

不少企业的商品或者服务，流通商经手了一次就再也不想介入，顾客购买了一次商品或者服务就再也不想有第二次，同样道理，如果企业创办人在各次经营中没有获得相应的利润，也就不会再次经营企业。一旦出现以上三种情况中的一种或者几种，说明这个企业在某些方面出了严重的问题，如果不解决这些问题，创业很有可能失败。

营销学的核心理念告诉我们：企业的真正价值在于客户（包括中间客户、终端客户）。一个公司的前途并不是看它的资产负债表上有多少资产，而是看它能从客户那里获得多少现金。在工业产品市场中，产品可能是一样的，而客户肯定是不一样的。不一样的客户肯定会给企业带来不一样的利益。经营者尤其要重视培育一批优良的中间客户，他们在市场中有竞争力，财务状况良好，生存能力强，销售数额增长率较高、稳定，口碑宣传效应可以较好，需要的服务成本会更低。自然，对企业的市场前途带动必然会更有效、快捷。另外，即使在卖方市场的条件下，企业也要重视客户群的培养。价廉物美，顾客满意，营销才能取得良好的成绩。

投资创业是创造财富的不二法门，要想成功地投资创业，需要看清“市场”这只无形的手，不断赚钱，而不是亏钱。

创富锦囊

一想到要赚钱，不少人脑子里的第一反应是找一个薪水高、福利好的工作。这么做确实能够积累一定的财富，但所耗费的时间长、经历的风险也大。相比较而言，投资创业是更好的选择。无论你手里拥有的是资金还是知识，哪怕只是年轻的资本，都可以闯一闯，见识一下世面，也让世面上的人见识一下你所拥有的。准备好一切，说不定你就能获得你想要的。

二、屹立商界的给力能源

为什么有的人一创业就成功，且在商场屹立不倒，而有的人还没开始，就遭遇失败？屹立商界不倒的秘密到底是什么？什么样的人具备这些秘密？作为年轻人，尤其是白手起家的创业者，该如何掌握这些秘密？

1980 年，我创办具有集体性质的乡镇企业，1988 年创办全民性质的国有企业，2003 年创办私人性质的民营企业。三次白手起家创业，都取得了不错的成绩，被人称为“屹立商界的不老松”。

回顾 30 多年的创业经历，无数令人感慨的场景浮现在眼前。同时创业的朋友，数不胜数，到现在仍活跃在企业界的人，却是少之又少。毫无疑问，他们都被商界“大浪淘沙”给淘汰了。从全国的范围看，多少大名鼎鼎的创业英雄，如周冠五、褚时健、倪润锋、牟其中……一个个都退出了企业界，不见踪影；从地区的范围看，本地过去的创业名人仍然活跃在商界的也所剩无几。能够在商界打拼 30 年仍然活跃不已的企业创办人还真是屈指可数！

屹立商界不容易，这是不少经历过企业创办、运营之人共同发出的感叹。不管是创办企业做实体经济还是在资本市场上摸爬滚打，成功与风险同时存在！据研究机构跟踪统计数字显示，在所有新创企业中 80%在 5 年内倒闭，剩下的 20%又有 80%会在下一个 5 年内关门。以此推算，所有新创办企业在 10 年时间里，成功率只占总数的 4%~5%！

为什么那么多人、企业最终走向失败？研究、分析失败者的心态，就会发现：刚创业的人看到别人成功的例子，就觉得当老板过瘾，功成名就可以光宗耀祖，以为自己也一定能够做得到。为了证明自己能干，就决定自己试试看！有这种思想意识，就是犯了大错，那是“创业致命伤”。按照这种思路进行创业，等于给企业埋下先天的失败基因，很难改变。

患有“创业致命伤”的创业者，通常都是工作表现极为出色的人，他们可能是水电工、建筑师、糕点师傅、电脑销售员……他们受过极佳的训练，经过磨练，经验也丰富。不过，就算你是全世界最棒的水电工，也并不代表你能创业。要想创业，你还得学会与员工相处，找到市场间隙，处理形形色色的文件，保持清晰的经营思路。经营企业是一门学问，要靠不断地学习、总结、创新。在经营市场中，随着时间的推移，不确定性因素接踵而来，新的挑战也接二连三地出现，创业者之前拥有的技巧和经验可能会变得毫无价值，甚至是创新的牢笼。只有通过不断学习，获得智慧，才能迎接挑战，取而胜之，企业才可以日渐茁壮。

患了“创业致命伤”的创业者多性格比较脆弱，面对挑战，往往惊慌失措，埋怨逃脱。做生意是一个复杂多变的过程，需要的东西很多，总结起来有以下几个方面：

一、硬件方面的需求，比如办公场地、办公家具、材料、机器等；

二、软件方面的需求，比如企业自备的营销系统、推广系统、管理系统等；

三、人员方面的需求，比如企业的操作员工、管理人才、会计师等；

四、资金方面的需求。当然，如果你选择以其他方式入股别人的企业，也是可以的。

总而言之，企业的创办是一个纷繁复杂的过程，如果没有强大的心理承受能力，企业创办人很有可能在不知不觉中走向失败。

那么，作为一个企业创办人，该如何才能克服“创业致命伤”呢？

经验告诉我们，要克服“创业致命伤”最重要的一点是给企业一个明确的定位：我要做什么？为谁做？希望得到一个什么样的结果？唯有明确的定位，才能真正做到提升产品或者服务的价值，降低经营成本，获得丰厚的利润回报。

我的经营业绩也证明了这一点：要屹立商场，只有做事业的目标坚定，方向清晰，走正道，才能迎合时代前进的节拍，在不同的阶段、不同的条件环境下实现经营目标。今天的成就在某种意义上说是坚持目标和放弃眼前一些既得利益的结果，是“舍”和“得”的结果。所谓“企业经营要懂得舍得”，就是在一定的条件下能够为了实现目标而舍弃眼前利益、短浅的利益。创业做生意，目的是为了赚钱，而要把摆在眼前的利益放弃或者让给别人，说起来轻松，做起来并不太容易。人都具备一定的私心，谁又愿意这么做呢？此时你应该告诉自己：我丢掉的是芝麻，要捡的是西瓜。唯有如此，心里才会好受一点。

舍得是一种智慧，它们两者之间是相互依存的。有“舍”才有“得”，要“得”必须要“舍”。把“做事业”作为创业的奋斗目标，作为战略定位；创业的目标就不单纯为赚钱，而是为了实现人生价值。在这个框架内，制定阶段性目标，具有常人达不到的做事业的境界：做人，持平常心，踏踏实实，做到得道多助，有危难急事的时候，很多人帮衬；做事，持超前的高度，不追求眼前利益，而追求发展前途。

退休前，我先后两次创业，创造的财富归公有，奋斗经营管理公有制企业足足22年，其间发生了各类的利益冲突，我之所以能够屹立不倒，得益于在做好人的前提下做好事，驭人育人，厘清产权，公私分明，权利交接顺利得当。企业积累的资产在新人的经营管理中得以资本再造。任何一个事项的推进，都非易事。这些，既是经营管理公有制企业的终极挑战，又是创业者的关键使命。作为一个经历了改革开放全部历程的第一代创业者，我深知在低头拉车的同时，必须抬头看路，摸准方向，否则，很容易车翻业毁！

创办民营企业以后，我把企业当成创富平台。一如既往，采取“做事业”的定位。为了事业发展，在经营管理企业的过程中，总会替合伙人、员工、客户多想一点。每当我跟合作者在一起的时候，我都会想，怎么样才能让他赚钱多一点，提高对方的满意度；当我跟员工在一起的时候，我也会想，怎么样让员工成为企业的主人翁，怎么样让他们获得多一点经济利益调动他们的积极性；员工各得其所,在企业效益中获得了丰厚的回报；每次做一次产品或者提供一次服务，我也会站在客户的立场上思考，他们到底需要什么样的产品或者服务？

现在，大部分员工都有自己产权的房子住，又有私人小轿车开。在本地区,大部分员工都解决了房子、车子问题的企业,的确还为数不多。

这一点是很多民营企业老板很难做到的。其实这个账也很好算，企业付出的只是小部分，而从中换取的却是企业的更大的效益，以及更好的发展前途。经营成果大部分是创业者占有，所以最后的得益人是创业者。顾及员工利益，在企业的制度设计中，必须把为员工谋福利作为一项任务镶嵌其中。民营小企业，大部分都是家族型，要员工为你的家族有所贡献，他一定要从中有所获得好处。没有所得，就没有主人翁精神，只能是做一天和尚撞一天钟。要把个人追求融入企业的发展之中，在现阶段，对私有制企业也是难能可贵！

用“做事业”的思维方式创业，必须努力做到“赚钱”与“做事业”的统一。赚钱是立业之本，不赚钱的商业行为是先天不足，相应产品也因此没有存在的价值而被市场淘汰，企业无法存活。诚然，光想赚钱的企业必然处处跟风，走向同质化，利润也会越做越薄，也活不长久。纵览国际范畴的企业发展史，“百年老店”无不是凭借“把事业做好”这一理念而生生不息。具有“做事业”的理念，才能摒弃浮躁，从模仿开始并辅之持续的变革与创新，为产品注入活力。以高附加值产品延续企业生命。正如苹果电脑创始人乔布斯所言：“我不喜欢那些把IPO当作公司最终愿景的创业者。真正伟大的创业者必定怀一个梦想。”他一针见血指明了企业经营的真谛是怀揣梦想做事业，藉此企业才可能在竞争中出奇制胜，也唯有如此，企业才能长期存活。实践经验证明，“做事业”的思维方式是屹立商界取之不尽用之不竭的给力能源。

创富锦囊

纵览国际范畴的企业发展史，“百年老店”无不是凭借“把事业做好”这一理念而生生不息。具有“做事业”的理念，才能摒弃浮躁，从模仿开始并辅之持续的变革与创新，为产品注入活力。以高附加值产品延续企业生命。正如苹果电脑创始人乔布斯所言：“我不喜欢那些把IPO当作公司最终愿景的创业者，真正伟大的创业者必定怀一个梦想。”

三、心想事成的信念威力

心想事成不仅是一个良好祝愿，而且还是一个促成人们成功的信念，它具备强大的威力，帮助人们突破所有瓶颈，实现自我意愿，获得财富。那么，什么是心想事成的信念，它由哪些构成呢？

我原先是个公务员，受改革开放潮流的影响，1980年下海经商，开始涉足贸易、商场、工厂、酒店、房地产等行业。历时20余年，我深切体会到一点：经商创富很不容易。同时，也深深感受到在社会转型环境中，人们的伦理道德、价值取向已经发生巨大改变，并导致社会各种"病征"的出现：诚信的危机、道德的败坏、伦理的丧失……鉴于这种情况，我创作了三部长篇小说《六如轩》、《六如台》、《六如亭》，通过对小说中人物的塑造和描写，对创业者在社会转型期坚守传统文化的伟大业绩进行讴歌。

2008年2月，这三部小说在《中国作家》发表；又于当年5月作为纪念改革开放30周年的特选作品在《长篇小说选刊》转载。2009、2011年被广东省作协确定为向国庆60周年、建党90周年和纪念邓小平南巡20周年献礼作品，由花城出版社出版发行。2012年，我被吸收为中国作家协会会员。取得这样的成绩，是一种无形的力量最终让我"心想事成"。

所谓"心想事成"的信念，是一种在思想观念中主导地位的潜意识形成的精神力量，它的威力可以表现为智慧或者持久力、创新力等，能有效地促成事业成功。对于创业者来说，要充分认识"信念"的力量，寻找实现目标最有效的办法。如果能够有意识地利用"心想事成"的信念做事，可以达到事半功倍的效果。

社会有社会的信念：为人们提供更好的生活环境；企业有企业的信念：为客户提供更好的产品或者服务；个人也有个人的信念：承担自己

的责任，完成自我使命。无论是社会、企业还是个人，一旦信念缺失，很有可能出现意想不到的后果。

那么对于个人而言，如何锤炼心想事成的信念呢？关键要做到三个方面：一是主动适应环境，二是坚持不断学习，三是高瞻远瞩规划事业。

人世间的环境千差万别，也是千变万化；各人的条件也是随时间不同和地位改变而变化。主观理念要强迫自我适应环境，不能要求环境适应自我，这是决定成功还是失败的重要一环。对此，我的体会是：努力“付出”，实现“杰出”。

实事求是讲，如果把“付出”看成是一种投入，一种成本，那么产出结果不一定是“杰出”。不是每一项“付出”都能够获得满意的回报。但是，只有有所“付出”，才能获得一定的“回报”。创业者有三种发展战略可供选择：一是投入成本最低，二是产品差异化，三是针对特定市场。不管是选择那种战略，都必须有所投入，否则一事无成，更不要说在市场上生存和发展。这就是适应环境、适应市场一个重要的组成部分。

除了要适应环境之外，还要不断地学习，并且做到学以致用。以我为例：从最初的技术员到公务员，再到企业家，每个阶段都需要有不同的知识摄入才能满足工作的需要。唯有善于读书，善于思考，获得智慧和力量，才能构成“心想事成”信念的基础。

对于年轻人，我的建议是：要把学习当成一种生活、工作方式。在日常工作中，要学会怎样去问问题，怎样去掌握知识，就等于有了一把钥匙，就能够自己去开启各式各样的大门，能够提出一个问题比解决一个问题更重要。做事业的过程中，干扰无时不在。它来自外界，也来自自我。要想出色完成任务，排除干扰，就要转变不恰当的观念，其中最好的办法就是学习，学习，再学习，不断提高，与时俱进。

最后，心想事成就是高瞻远瞩地规划事业。这句话该如何理解呢？唯有高瞻远瞩地去规划自己的事业，你才有可能实现心想事成的愿望，你也才能具备心想事成的信念。事业发展过程中的不确定因素决定了事业前途的不确定性，没有高瞻远瞩的规划，容易出现寸步难行的窘境。正如有句话所说的：今天不规划，明天没计划。很多工作表现极为出色的人，受过极佳的教育，也经过了多年的历练，经验丰富，却在工作中屡屡失败。原因何在？很大一个问题就是没有规划，缺乏高瞻远瞩的眼光。

那么什么是高瞻远瞩的眼光呢？非常重要的一点：眼光往前看，看到别人所看不到的经营点。举个例子来说：

农历新春佳节，人们习惯选购年画。以前的年画，大多数是“福禄寿”、“一帆风顺”、“年年有鱼”等主题，随着人们新年意识和欲求的改变，年画也出现了相应的新内容。在香港，就有人根据人们新年“求吉利”的心理，设计出一种颇为独特的年画：由香港银行印制的“千元钞票年画”。他们把一张放大了的一千元钞票印在一张大海报上，并以年画的形式印制成钞票年画，在书店、商场等地出售，每张只售一元。一元买来一千元，这对于希望在新的一年心想事成、发财致富的人来说，无疑是一件大大的“吉祥之兆”。因此“千元钞票年画”空前畅销，印制者因此而获得了巨额财富。

显然，想到“千元年画”创意的人是一个有着高瞻远瞩眼光的人，他意识到人们对于传统年画的主题有了一定的厌倦心理，所以设计出更好的主题，迎合了大众追求财富的心理需求。

当然，要实现高瞻远瞩，必须具备两个条件：大志和良谋。大志是首要条件，用当代思维方式理解，所谓大志就是人生观和价值观、深厚的社会责任感等，而良谋是处世办事的技巧，包括认识世界、善于管理自我情绪、恰到好处地处理好人际关系和办好现实事务等。做到这两点，必然会有所作为，有所成功。

创富锦囊

有句话说得好：有必胜的信念，才有必胜的行动，最终才能出现必胜的结果。创造财富也是如此，如果没有心想事成的信念，自然也就没有相应的行动和结果。对于创业者而言，不仅要做好面对失败的充分心理准备，也需要以必胜的信念来鼓励、引导自己去行动。唯有如此，前途才更加光明。

四、选择决定最终成效

人生的每一步都是选择的结果，有的人选择安逸，有的人选择奋斗。对于需要创造财富的人而言，又该如何选择，在选择的时候需要注意哪些问题呢？

对于退休后的生活，我有三个选项：一是休闲，看看书，到处走一走；二是写点文章，了却年轻时的文学梦；三是完成在位时的未竟事业，把“烂尾楼”完善好。前面两件事，都没有风险，可以随心所欲，而第三件事，实质是重新创业，谈何容易！其间会碰到多少艰难辛苦，没有人能够预测。房地产是资金密集型行业，有可能是高回报，也有可能是债台高筑，功亏一篑，身败名裂。风险之大，确实令人心悸。在做出决定之前，我先梳理了以下我的实际情况：

我的优势是有丰富的房地产开发经营经验以及各种各样的相关资源；

我的不足是缺乏自有资金；

到底该怎么办？面对机遇和挑战，我开始回味改革开放以来的经历：

1981 年，我在农业技术服务的岗位上工作，为了解决推广应用农业新技术的资金问题，不得不白手起家创办集体性质的农业技术服务站，在推广使用优良品种和化肥、农药过程中，赚取利润。仅用了 3 年的时间，在我离开的时候，该服务站已经有固定资产 20 万元，在当时，也算是耀人眼目的业绩，受到各方的肯定。

1988 年，我是惠阳专署的公务员，为了响应地委创业创富的号召——“办实业、打基础”，我又选择了白手起家创办国有房地产开发企业。在政府没有分文资金投入的情况下，抓住了改革开放刚刚开始人们都不看好土地价值的时机，成片开发了建设用地，接着地价翻番增值；同时，抓住时机兴建了大量商品房，适应房改的需求，给企业带来了极好的经济效益。

1992年，邓小平同志南方谈话的发表，刺激经济飞速发展，物业资产翻番增值。我抓住这一机遇，及时推出部分已经开发的建设用地及大批商品房楼宇，房价飞速上涨，商品房空前畅销，一下子回收大笔资金，企业拥有数亿元资产，令人瞩目。同时，趁着企业实力雄厚的时候，投巨资建设职工宿舍楼，130多名职工，每人一个单元住宅，平均分配，解决员工队伍的住房问题，结果自然是皆大欢喜。

1994年，在经济最困难时期，我又想尽办法，带领员工抓住一个偶然性的机会，争取到了香港一个企业作为合作伙伴，成功开发航天科技工业园，同时投资装修完成了一幢高20层、总建筑面积为13000多平方米的综合性商务酒店，该酒店于1998年开业，实现了极好的社会效益、环境效益、经济效益。

2001年，我从该房地产开发企业离职，审计结果同样受到各方的肯定：公司累计上交税利总计6700多万元，为城市建设提供了价值约一个多亿元人民币的市政配套设施。此外，还捐赠300多万元人民币的教育基金。公司全体成员依靠固定资产净值过日子，至今相安无事，为社会稳定做出了贡献。

上述事实充分说明，人生事业的足迹是选择的结果。要在经营事业上有所成功，必须选择艰辛，才能有成功的经营足迹，实现人生价值。

显然，经过一番认真的思考，我做出了最终的决定：明知山有虎，偏向虎山行，选择退休后重新创业的道路。我的理念是：重新搞房地产开发、经营，成功了，可以实现人生价值；即使失败，在事先做好生活保障的前提下，也不至于影响后半生的生活质量。

就这样，在抱着再次试一试的态度下，我开始寻找资金，试探着前行。在完善“烂尾楼”建设使命感的推动下，追逐着第二次创业的梦想，利用改制的房地产投资有限公司，开发建设经营商品房玉兰花园。

玉兰花园占地总面积2.3万平方米，可销售面积7万平方米，其中两个烂尾楼项目，通过市中级人民法院的《民事判决书》和《民事调解书》获取重新开发经营权。法院明确规定：用项目的经营权益商品房房产作价代偿烂尾楼各种各样的债务。

早先，我只知道经营国有企业，人际关系复杂，干扰多，阻力大。没有想到，经营民营企业，人与人之间的利害关系争斗同样惊心动魄！其间经历的经济、政治两大方面的危险让人觉得后怕不已。

2003年，玉兰花园项目合作伙伴投资者选择撤资，让我的经济陷入了危机当中。复工"烂尾楼"，前期投入资金多，多是无效投资。我的设想是只要不亏本，就是一大贡献；有小利就是大成功。遗憾的是，合作伙伴却不是这样想。他们心里只有赚钱。关于如何赚钱，各人都有自己的一盘账。面对只有微薄的利润，合作伙伴动摇了，甚至担心投资失败。就在这个节骨眼上，可怕的事情又发生了。下半年，国家公布了宏观调控政策，矛头直指房地产。看见国务院采取的宏观经济调控政策，压缩调控矛头直指房地产的不利形势，合作伙伴们突然提出撤资的要求。投资者中途撤资，对于合资建设项目，就等于对一个人进行了致命的大抽血，其负面影响是可以想知的。

尽管从遵守法律、遵守商业道德的角度看，即使亏本，合作伙伴也不能撤资。但是，如果不给撤资，就必然会经常性地无事生非，制造麻烦！矛盾发展下去，肯定会给项目开发建设造成更致命的打击！经营结果，会不堪设想！

很快，他们立即冻结了还没有利用的500多万元资金，撤走了进场的管理人员，工地立即陷入停工状态！如果没有新的资金注入，就有可能再一次"烂尾"。如果真是那个样子的结局，已经投资的500万元资金就会化为乌有！同时，还会形成一连串的相关难题，有可能造成影响社会稳定的严重恶果。

"山重水复疑无路，柳暗花明又一村！"就在公司资金最困难的时候，有刘总和何总等人出手帮助，一下子筹集资金1000多万元，立即采取措施，与先前的投资合作者签订了终止合作协议书，议定3个月内，分3期，还清他们的投资本金与分利金共计800万元。同时，全力以赴加紧开展银行的贷款事务。苍天不负有心人，最后，顺利地与建设银行办理了贷款4000万元的授信业务。

资金问题解决以后，接下来就是努力提高经营效益。为了做到这一点，我从几个方面入手：

首先是严格管理，狠抓成本控制。在建筑工程中，实行单包工施工，建筑材料自己采购，施工单位只是全承包施工责任。结果，确保了工程质量，又大大降低了工程造价，节省了成本开支。

其次是商品房集资。工程项目施工正常之后，即进行内部认购，低价销售，把资金成本费用让利给客户，加速回笼了大笔资金。

最后是提高商品房功能价值。利用地理位置好的条件，把地上五层房产作为商业功能使用，提高了房产单价。仅这一项改革，增加了上千万元的附加值。同时，紧紧抓住完善交通、健康、安全和个性化、智能化五大要素建设，使商品房使用价值大大提高。

事情的发展没有想象中的顺利，2006 年，正在玉兰花园项目克服千难万险复工建设的过程中，一场政治灾难降临悄无声息地降临！市纪委传来的信息：玉兰花园项目烂尾楼原先的投资公司的纪检人员通过中纪委的介绍信，找省纪委，要启动“双规”手段，试图调查落实关于我的两条“罪状”。一条罪状是把集体公有制的公司变成了私营企业；第二条罪状是侵占了烂尾楼的国有资产。消息传来，全公司立即陷入人心惶惶的状态之中……

事前，该公司的代表人曾经找上门来，说他们公司投入玉兰花园项目烂尾楼的建设资金有 1500 万元，要求给他们返还本金及分利金融合计 2000 万元，并且要把这笔款打到一个香港商人的私人账户，否则会启动“双规”手段整人。他们的胁迫之意昭然若揭。对此，我不服，认为他们在为解决烂尾楼问题的相关法律诉讼程序中不露面，在法院判决文书生效后长达 4 年多的时间里,没有任何争议。看见了有效益要分利，是强抢。最终，没有答应他们的要求，以至于造成了现在的危难困局。

对此，我不服输，面对危言耸听的诬陷，为了对抗该公司的胁迫，我只好调动各方面的资源，向上级反映情况。最终，在中纪委信访办的帮助下，顺利解决了这一危机。玉兰花园项目顺利进行，取得了丰硕的成果。

这个经历的事实再次告诉我们：人生事业的足迹，是选择的结果。只有选择不惧怕艰辛才能有所成就，人生事业的足迹才会锦绣生辉；如果害怕艰难险阻，不敢去辛苦拼搏，则人生事业的足迹肯定是平庸、平淡。

创富锦囊

大多数情况下，成功的获得都是靠不惧怕艰辛、努力拼搏获得的，这意味着我们在进行人生选择的时候，不能惧怕艰辛，更不能因为艰辛而改变最初的目标，否则财富只会远离你而去。正如有句话说得好：在大多数情况下，财富和艰辛成一定的正比关系，越是艰辛的工作，积累的财富就越多。你唯有不害怕荆棘，才能采到更大、更多的蘑菇。

五、战略制定以“柔”为胜

企业战略的制定关系经营的成败，以什么样的思维方式制定经营战略是企业经营者们应该考虑的问题。相比较而言，更多的企业经营者喜欢以“刚性”、“竞争”的思维来制定战略，只有少数人选择了“长久品牌”、“生存”等“柔性”的思维。那么哪种思维更有利于企业的生存与发展呢？

2007年，我在北京清华大学参加培训班，有一节课是一位姓洪的教授主讲的“柔为核心的东方战略学”，他强调：东方战略强调全局、整体、辩证。为了让大家更加了解这门课程，洪教授先介绍了东方战略和西方战略的差异：

第一，东方战略强调以智克力，西方战略强调的是以力克力。对此，他举了一个例子：北京外交学院来了一位美国的留学生，读博士学位。有一天他和中国的学生在一起自习，突然，从窗外飞进来两只鸽子，原本安静的教室里一下子混乱一团。见此情景，美国学生站起来，要赶这个鸽子走。可是赶了半天，鸽子就是不出去，东突西窜。最后他想到赶鸽子应该是楼房管理员的事情，于是他就出去请了楼房管理员进来。可是当他进来之后却惊讶地发现鸽子已经被赶出去了。他很奇怪到底是谁这么厉害，把鸽子赶出去的。很快，他知道是怎么回事了：他发现在打开的窗子的窗台上，有人放了一些面包渣。对此，他对中国学员说，你们太厉害了，用脑子做事情，用智慧来达成目的，而我们西方人，大多数时候只知道用力气，凭蛮力。

第二，东方战略强调全争、全胜。《孙子兵法》说，必以全争于天下，故兵不顿而利可全。“全争”可以用三句话来理解：手段多样，资源无限，运用综合。毛泽东的“人民战争”就是典型的全争全胜思想。把人民群众的所有力量，所有资源，所有手段，集中起来战胜敌人，你有正规军我也有，同时我还有预备队、民兵游击队，还有民众的支持。所以东方战略是全争、全胜，把握全局，综合运用的战略。

第三，东方战略强调制胜于无形，不战而胜；西方战略强调直接的对抗，血腥拼杀。这一点在医术上也有体现：按照中医的观点，说西医是治病，就是说你有病灶了，哪个地方疼，对着病灶治；中医是治人，当你有病灶以后哪个地方疼，中医不是对着病灶去治，而是调理全身整个系统的血脉、经络，给调顺了，身体恢复健康的一种状态，那个病灶自然就消失了。东方战略制胜于无形之中的高深战略，是一种高度理性的战略。

由此，洪教授认为东方战略体系一个核心思想是“柔”字。什么是柔呢？以迂为直、避实击虚。《孙子兵法》比喻说率然是蛇，击其头尾至，击其尾首至，击其中首尾俱至，这个蛇的形象是“柔”。以柔克刚，无往不胜。

洪教授强调：“柔”的观念作为推行战略思维的核心，可以用水作比喻。老子曾说过，天下柔莫过于水。以“柔”为核心的东方战略思维接近“天道”——规律。以东方战略思维来为人处世，就等于按照规律来做事，更加容易成功。

洪教授的授课使我认识到：企业生存、成长取决于创业者的战略决策、战略部署和行为准则。把企业视作为“活”的生物体，当它呱呱坠地的时候，就有了从出生期到长成堂堂汉子的成长道路。必须懂得企业成长的生物学法则，深谙企业生命运动之规律，遵循市场经济之秩序，去生存，去发展。可见，从战略决策的高度指导创业，立足生存的基础上寻求发展，是创业者必须遵循的铁律。

能够悟到这一点，也和我创办企业时遇到的失败经历有关：2005年，我与一个朋友在深圳接手了一个日用品制品厂，专门生产、销售日用品，总投资380万元。由于没有战略思维方式，在建立销售渠道方面做得很不够，加之不了解当地情况，没有处理好公共关系及宣传活动，投产后便磕磕绊绊。

首先，销售渠道不畅通，大量的产品卖不出去；

其次，内部管理闹矛盾，卖出去的产品的销售金额投资者各进腰包，还有不少销售收入不知所踪，严重影响企业经营运作

再次，在前面两种情况的作用下，企业无法实现经营目标，又没有新的资金投入解决问题，所得的收益仅够维持职工生活费用和企业管理费用。

最终熬了3年，到2006年年底，面对缺乏运营资金，投资者身心疲惫的局面，只好宣布失败。拍卖机械设备所得的收益，仅够打发遣散员工开支，创办这个企业净亏380万元。可见，在当今的市场经济活动中，创办企业的战略思维方式方法对于企业的生存发展是何等重要。

达尔文主义告诉我们：世界上万事万物都遵循“优胜劣汰，适者生存”的法则。企业作为法人，也与自然人一样，首先要活着，要为“生存”而努力工作，而艰苦奋斗。经营行为决定着企业的生存、发展前途。必须时刻考虑如何适应环境求生存？如何适应社会主义市场经济求发展？所有经营行为的出发点和落脚点都必须落在“企业的生存与发展”上。

市场的竞争机制有一只无形之手，操纵着经营者的前途。创业者要生存与发展，必须具有较高的战略思维素质，不断地提高管理艺术和先进的生产技术，才能保证企业大厦长安久治。

培训班结束以后，我重新审视经营房地产开发项目《玉兰花园》的战略决策，经过深思熟虑，根据战略学整体性全胜的观念，重新调整和优化战术部署。感觉到原先的战略方针偏重于经济效益，在某些问题上的意图是犯了战略性的定位错误。

作为企业也是一个生命体，活着才是第一要务，要确保在任何不确定因素的冲击下都能生存，在这个前提下才能谈论追求较高的经济效益。仔细观察企业现状，还没有能力应对不确定因素的冲击；现有的经济结构还不足以应对突发事件的打击，不能在任何经济形势下确保生存，因此要以确保生存作为首要任务调整经营战略。

经过一番考虑之后，我下定决心把玉兰花园1.2万平米的面积作为商业房产，公开销售。这么大面积的一个物业，价值约6000万元人民

币，不是说销售就可以销售出去的。我又根据以“柔”为中心制订销售策略，“柔情似水”按市价5500元/㎡单价，放盘时8折结算房价是4400元/㎡。先后有6个买主洽谈，最高的出价4200元/㎡，最低出价平均3000元/㎡。从“全胜”和“柔”的战略观念出发，我力排众议，选择了出价平均3200元/㎡的客户，完成销售。这在当时，是6个买主中的较低价的客户。但是，他买下来以后是自用，经营高级家居商品。为商业门面的需要，投巨资，花大力，装点商场门面；在于我们，虽然是便宜销售，换来的却是高品级的商业氛围，带来整个玉兰花园楼盘商业价值的提升，是一项双赢的生意。

平价销售1.2万平方米面积的商业房产还有另外一个意想不到的效果。2008年，国家对房地产市场实行严厉的调控政策，很多房地产公司都因资金紧缺而不得不进行高利贷举债，我们公司却由于回笼了接近4000万元人民币的资金而没有出现资金紧缺问题，因此获得顺利生存发展的大好形势，使企业经营更上一层楼。

可见，经营企业的生存发展依靠战略决策正确，也依靠战役胜多负少。在企业内部，了解人性的善恶变化，致力于建立一个构筑在人性基础之上的现代化管理制度，使企业员工能够共同获利，共同进步。在企业外部，对合作伙伴，追求同舟共济，双利双赢；对竞争对手，追求共同发展，按规则出牌；对消费者，追求价值共享，实现价廉物美。为人处事，逐鹿事业，柔情似水，求得全胜。

创富锦囊

企业经营战略的制定，要有全局、整体、辩证的柔性观念，如果仅仅着眼于眼前、短期的利益，很有可能将企业经营推向失败的边缘。综观一些企业失败的原因，就是因为领导人没有意识到这些问题，轻易介入“价格战”、“恶性竞争”等“以力克力”的恶性循环之中，损人又不利己。显然，这是不可取的。

六、镇之以静才能长久远

企业长青是每个经营者所希望的，但有时候往往事与愿违，不管经营者采用什么样的方法，都很难延长企业的寿命。为什么会出现这种情况，问题出在哪里？那些长青型企业领导人有什么样的制胜法宝？

在企业的管理中，我很推崇东晋大政治家王导的策略：镇之以静。什么意思呢？只有真正静下心来，才能看清大风云、大趋势、大格局，从而做到“顺势而为”，延长企业的寿命。

对创业者来说，能够做到“顺势而为”很重要。无论在企业生存还是发展过程中，顺应时势是保证企业健康的必要条件。对此，我常常用“海燕”和“麻雀”的例子来比喻会不会借势而动的差别。海燕是用风的力量来飞翔的，它的翅膀很少扇动，甚至很少直线飞行。所以，海燕可以飞得高、飞得远，可以穿越海洋。相比较之下，麻雀只知道用自己的蛮力，不停地扑腾，飞不高，也飞不远。

也正因为如此，我给企业取名叫“海燕”，就是要像海燕那样，借用时代潮流的力量推动企业发展、壮大；在创业投资的策划过程中，用“镇之以静”的理念，在平静中体味时代政策风力的方向，占有政策红利，借力发展企业。

在企业的日常管理中，很多人无法做到“镇之以静”的理念，主要表现在无法戒“贪”上，不断增加投资、扩大规模，根本不考虑企业实际的情况。一个最现实的例子就是史玉柱：

史玉柱是中国企业界的一个传奇人物，他的名字和曾经的巨人集团一起，给了人们很多的思考和反思。上个世纪的90年代，史玉柱还在做软件，他的公司实体叫巨人集团。按照史玉柱的战略构想，他是要把巨人集团做成中国的IBM，“东方的蓝色巨人”。他甚至把每年的产值目标都一一列了出来：1995年10亿元，1996年50亿元，1997年100

亿元。单从数字上来看，确立这样的目标也并非只有巨人集团一家，IBM、英特尔、微软等等大公司在快速的成长期也有过每年50亿元的增长速度，问题的关键并不在于数字应该定多少，而在于巨人集团可以做多好。后来的事实证明，这些目标是可行的，只不过巨人集团的战略出了问题，使得这些目标变成了不切实际的数字符号。

战略的偏移不仅仅使得这些目标变成了没有任何意义的数字，而且损害了巨人集团本身的“健康”。最重要的莫过于“巨人大厦”了，正是它，触动了“巨人集团”倒下的导火索。

巨人大厦是史玉柱最为重大的投资失误，盲目进军房地产业的战略本来就是错误的，而片面追求全国最高的虚名以及夹杂进了许多非市场因素更加大了经营风险。更令人瞠目结舌的是，这么大的工程从1994年2月动工到1996年7月，史玉柱竟未申请过一分钱的贷款，全凭巨人集团的自有资金和卖楼挣的钱支撑。巨人大厦不但抽干了巨人产业的血，史玉柱还把本来应该用于巨人生产运营的资金全部投入到大厦上，结果使给企业带来大部分利润的生物工程一度停产，资金补给线中断。

迅速萎缩的巨人产业迫使史玉柱作出抉择：是继续加高巨人大厦，还是挽救巨人产业。从1996年11月份开始，史玉柱不得不控制巨人产业的资金流，不再给巨人大厦输血，将巨人大厦与巨人产业一刀切断，以此来挽救奄奄一息的巨人产业。但为时已晚，在民众的讨债声中，“巨人”轰然倒塌，成为了一个失败的“神话”。纵观史玉柱的这次失败，既是一种极度自负的后果，也是战略错误的结局。无论是哪一种情况，史玉柱都必败无疑。巨人集团的倒下，是一种历史性的必然。

三株在号称“争做中国纳税第一人”的豪言壮语中死去；巨人在号称“建一座亚洲最高的标志性建筑物”的宏伟蓝图中倒下；秦池更是在号称“开进中央台一辆奥迪，开出一辆奔驰”的戏言中消亡……他们失败的共同原因就是把自身实力估计得太高了，这就是将盲动当成了勇敢。企业自身实力如果没有达到项目所要求的资金投入水平，最好的办法就是避开。尽管这样可能会失去一些机会，但对于企业的经营来说是最为安全的。

不懂得戒贪的企业管理犹如赌博一样，无限加码，觉得自己赢得不够，不断给自己树立新愿景，并且增加投注水平，这样很快就有可能输得一无所有，史玉柱之前车之鉴，不得不加以警惕。

对于一个创业者来说，有“镇之以静”的理念可以生成智慧、智谋。创业的出发点和落脚点是创造财富，要在市场中竞争中不断取胜，长期生存发展，需要有纵观全局的智慧和谋略。智慧是产生谋略的根源，谋略是运用智慧的手段。没有智慧而讲谋略，就像木偶演戏，不能解决实际问题；没有谋略而空谈智慧，就好比一个船夫驾驭本领如何高强，而一旦遇上风浪却束手无策，浪翻船覆，难免葬身鱼腹。智慧与谋略如影随形，不能分离。智慧是源，谋略是流，源远流长，促进形成高明的经营行为，实现经营利润。

创富锦囊

创业的出发点和落脚点是创造财富，要在市场中竞争中不断取胜，长期生存发展，需要有纵观全局的智慧和谋略，不以单纯的想法、欲望来决定企业的发展方向、投资行为，镇之以静，看清大风云、大趋势、大格局，从而做到“顺势而为”，延长企业的寿命。

七、“赢在低谷”的策略思维

低迷、复杂、多变的经济形势给企业发展增添了难度，一些企业会因此步入低谷。在这些企业中，有一部分可能走不出低谷，就此走向失败。面对如此严峻的状态，企业经营者们该怎么应对呢？

做企业，难免会遇到低谷。在事业低谷的位置上，该怎么办？我通常的做法是把低谷作为机遇和挑战，把“赢在低谷”作为冲击事业低潮的一种策略性行为能力。我觉得，低谷是一种逆境、一场磨难，其实也是任何企业发展过程中的一个常态。它就像成人一样，越练越不怯懦；每次磨难都使企业越磨越坚强。企业和人一样，只有在逆境中才能锤炼出来坚强的意志。运用“赢在低谷”的策略思维，寻找新办法，突破难关。“时来天地皆同力”，企业的优秀，不在于它成功时的光环，而在于它身处低谷时的判断力、决策力和坚忍不拔的精神。死去的都是在低谷中死去，生的辉煌都是从低谷中走出来的，此所谓“赢在低谷”。

举个例子：惠州明星企业 TCL 集团于 2004 年在欧洲实施了一场雄心勃勃的并购，结果并不乐观。当这场欧洲并购给 TCL 带来 10 亿亏损时，李东生意识到企业进入了低谷，对此，他选择紧咬牙关，决不言败，用七年的坚韧演绎了鹰的重生，成为中国企业的“不死之鹰”。

TCL 演绎鹰的重生例子让我想起一则“棍子与竹子”的故事。当巨大的磨难来临时，也许你会觉得无法承受，好像一根木棍被生生地弯成了 180 度，甚至听到了噼哩叭啦的断裂之声，这时，如果能“熬”住，棍子就会不知不觉地变成韧性极强的竹子，奋力一弹，站得溜直溜直。我相信，没有当年的“熬”和“韧”，TCL 就不可能有今天。

创业过程中要“过坎”，这是难以避免的。除了宏观形势带来的坎之外，还有领域性的坎，比如“空心化”战略带来的举步维艰。当然，更多的坎是企业自己造成的，经营不善、判断失误等都属此列。一道坎，一次磨练，稍有不慎或应对不力，企业就会滑入低谷。

如何走出低谷，具体策略是什么？

我的做法是抱着积极的心态，在“赢在低谷”的理念指导下，冷静观察，也可以稍稍休息一下，读读书，回头清理各种思想、行为，总结经验、教训，坚持好的，改正错误。同时，告诫自己，逆境比顺境更能造就人，造就企业。

在内部，运用“赢在低谷”的策略思维安排工作，清理整顿经营管理欠账，趁机补课。在跌宕起伏中积极蓄势，努力行动，在低谷对前途充满信心，寻找赢的出路。

另外，必须学会快速适应环境，谁先适应恶劣环境，谁就能抢占先机。滑入低谷并不可怕，可怕的是失去信心。坚信不移，只要活着，就一定能活下去。

我的实践经历也证明了这一点：2003 年，在房地产事业走入低谷的时候，我排除许多困难，进入房地产市场，策划开发“玉兰花园”，结果取得了明显成效。2008 年，在商场购物房产高峰的时候我决意更改“绿岛商城”商场购物房产部分为酒店汽车商用房产。2012 年，房地产市场最低谷，我积极应对，把低谷看成大锅的底部，任何方向都是向上的，带着希望、自信与力量上路，很快就找到了突围的办法，创新经营思路，通过兴办轿车大卖场的途径，很快走出了困境，为企业转型发展开拓了市场。

“赢在低谷”的策略思维具体来讲体现在两个方面：突破与创新。突破，是没有走过的路，没有去过的地方；需要模仿，但不能照搬硬套，要有所革新，更适合于市场，就是要创新。人类社会的进化和发展直接得益于创新。创新，是人类进化文明最基本的特征，也是民族进步强盛最重要的素质。现代科技水平的高度发展，及其对生活的渗透，使整个社会发生了质的变化。各种新事物、新观念、新思想、新理论使人们目不暇接。经济环境瞬息万变、科学技术日新月异。在经济全球化市场激烈竞争的环境条件下，创新能力已经成为企业发展的原动力。

企业要获得成功，就需要“赢在低谷”的策略思维及行为能力。当不幸坠入低谷的时候，坚信突破和创新能够拯救一切，决不能轻易言败，轻言放弃。

创富锦囊

低谷是一种逆境、一场磨难，其实也是任何企业发展过程中的一个常态。它就像成人礼一样，每次洗礼都使企业越磨越坚强，越练越不怯懦，逆境，只有逆境才能锤炼出伟大公司来。公司的伟大，不在于它成功时的光环，而在于它身处低谷时的判断力、决策力和坚韧不拔的精神。死去的都是在低谷中死去，生的辉煌都是从低谷中走来，唯有以“赢在低谷”的策略来经营企业，成功才会长存。

八、找准定位才能听天“有”命

经营企业，有人相信“人算不如天算”，要想获得成功，唯有“听天由命”。显然，这不是企业经营者应该有的心态。企业的成功，除了要看重“机会”之外，还应该具备什么样的心态，做哪些事情呢？

人性固有的弱点往往造成这样一种现象：事业发展势头向上时，常常归功于个人，反之事业走下坡路的时候，又归咎于冥冥之中的“命数”，甚至于转而求神拜佛，请人看风水，希望能够“时来运转”。很多创业者，原本是无神论者，天不怕，地不怕，闯出一番天地，到后来，又变成了宿命论者，听天由命，无所作为！诚然，真正的勇者不会听天由命，他们相信一点：“办法总比困难多！”

1993年，在严厉宏调的冲击下，惠州出现大量的“烂尾楼”工程。恶果所及，严重影响城市建设，影响社会和谐。解决“烂尾楼”问题，需要大量资金，谈何容易。为此，市政府出台了一系列解决“烂尾楼”问题的政策，但效果并不好，仍然难以克服“烂尾楼”遗留的各种各样的问题。2002年以后，迎来了房地产大发展的有利时机，“烂尾楼”遗留难题很快就得到消化吸收，好多开发商因此发财。到2006年，再不见“烂尾楼”的踪影。

当然，这其中也有人在解决“烂尾楼”问题过程中损失惨重，甚至于因此而进了牢房！这样的结果，正好应证了一句老话：人算不如天算，做事不如做势。所谓做势，就是要顺着时代潮流而动，顺环境大势而为。

改变听天“由”命为听天“有”命，中间必须越过三道关：势、道、术。

对经营者来说，所谓势，是势能、势头、势力、权力的总称。只有抓准方向，势所必然才能实现经营目标。而抓住方向远比低头赶路重要。要不然，方向一旦搞错，越努力越徒劳。而判断大势也绝非易事，可谓远近高低各不同。“势”也往往因时空变化而导向不同，尤其是房地产这一类关系民生的产业，虽然总体上代表着“衣、吃、住、行”的刚性要素，但因关注的人太多，随后会有蜂拥而上的无限资本，将一个还处于原始市场期的产业迅速地变成了过剩的产业，创业者如果只算到了开头却没有算到结尾，就会掉入陷阱，资金被套牢！即便是逃过了大量投资的陷阱，如果没有具体分折，不能正确预判产业链的各个环节溢价，或者是过剩程度，大胆冒进，同样陷阱多多。

以此观之，如果只用静态眼光做企业，容易犯“刻舟求剑”的错误；只有用动态的眼光做企业，才能不断地顺风顺水，收获利润。

另一道坎是“道”。这里说的“道”指商道，涉及企业的价值取向：做事业还是赚钱？如何选择这两种价值取向？关键要看是否会危及生存。鱼和熊掌有时可以兼得，做企业既是做事业，又能赚钱。不过，更多的时候则必须进行抉择，要么是做事业，要么是赚钱。价值取向不同，对“势”的取舍必然会有所区别。形势变化越快，发生风险的危机就越高，虽然是见人见智，但是核心问题还是理性思考，定位价值取向，确定行为方向。如果盲目而为，必然失败无疑。只有理性思考与激情创造进行有机结合，进行正确的战略定位，才会有前途。把理性思考和激情创造水乳交融形为一体，对客户和利润有完美的认知，对价值取向有适当的定位，是理性自觉与战略想象力的艺术性结合。由此可见，所谓创业战略思想，其实质就是对价值取向的定位和实现目标的方针路线与步骤办法。

第三道坎是“术”。“道”是一种理论、战略，“术”则是对“道”的执行，是一种方法。唯有将“道”和“术”充分配合，才能真正赢利。“术”的种类多种多样，各有优劣，该如何选择？重点是适合自己。

举例来说，企业经营是高负债经营好还是低负债经营好？前者本质上是属于“空手套白狼”，一旦博成功，便是“四两拨千斤”；而一旦失败即满盘皆输。初创业者，要有这样的“四两拨千斤”的胆识，有所准备去冒险，才能取得超乎常规经营成果。但是，太过冒进难免彻底失败，永无翻身之日！这里面，如何拿捏一个度，相当重要，做好风险防患，才能有所成功。又比如：做大还是做小？做强还是做久？做大，意味着占有市场份额大，但是，在形势突变时却又转型难，有可能被累垮；做小，灵活机动，但是市场份额小，是在市场的夹缝中生存，经不起风吹雨打，容易被人挤压因此而衰亡！因此，有一种“做大业务，做小规模”的经营模式，要么轻公司，做小，做轻，要么做大，做重，各有优劣。企业经营者必须根据所处的行业以及自身的特点进行选择。

做强与做久，它们有正相关的联系，两种路径并不是要非黑即白，实际上也隐含着某种悖论。在激烈的市场竞争中，要想做强，必然在创新方面，要有所突破，要有较大的作为，而创新的本身就内置着失败的风险，这就与“活得长”发生矛盾。要做久，追求的目标是百年老店，所以，在面临各种选择的时候，往往采取保守主义策略，这就容易走向另一极端，即过分求稳，故步自封，影响企业发展。再比如经营方式，是多元化还是专业化？多元化可以适当分散经营风险。但是分散精力，隐含着一旦其中某一块出问题就可能引起连锁效应的风险，很可能一发不可收拾！而专业化，追求的是精益求精，就容易错过大发展的机遇。总的来说，在市场经济高度发达的时代，高度差异化，竞争激烈，走专业化道路比较容易取胜。这些都值得创业者深思。

创富锦囊

企业经营，绝不能把偶然的成功当成必然的规律，把时势造英雄误以为自己是英雄可以造时势，时势不能去造，只能在时势的坐标中找到自己的定位，努力寻找机会，顺利跨过势、道、术三道坎，才不至于在时代潮流中滑坡。

九、关注愿景的“磁铁效应”

在企业创办和经营过程中，不少人都经历过瓶颈，需要别人的帮扶才能脱困。为什么有的人能得到支持，而有的人只能眼睁睁看着自己的企业走向死亡？除了人品、信誉之外，后者还有一个关键性因素没有利用好：愿景。那么什么是愿景，该如何使用愿景获得自己所缺的资源呢？

创业，是创造财富。在多数情况下，这都是一个“无中生有”的过程，前期需要投入，获得别人的支持和理解。那么怎么样才能使人信服得到支持和帮助呢？使用“愿景”。所谓“愿景”就是把有可能变成现实的事情编织成令人美好的故事，去讲述，去宣传。记住，“愿景”不是谎言，而是一种战略。

那么谎言和愿景之间有什么样本质的区别呢？

最重要的一点，谎言是邪恶的，最终会让自己深受其害。放羊的孩子因为无聊而大叫“狼来了”，撒谎吓唬村里的人。他觉得这样做有趣，便一次又一次地欺骗村里的人，村里的人深受其扰。觉得这样做有趣的只是这个孩子，而给村里的人带来的总是不愉快。慢慢地村里的人都不相信这个孩子的呼喊了。终于有一天，狼真的来了，任凭这个孩子再怎么大声喊叫，也没有人相信他了，他的羊全部被狼吃掉了——他自己深受其害。

相比较而言，愿景则蕴藏着真实的原动力，给人带来某种新鲜的感受，代表无限美好的未来，是实现梦想的路径。在现实生活中，在很多时候持续发生作用，影响着人生的命运。可以这样说，不管是谁，他的人生前途都是由自己编织的能够鼓舞人奋斗的“梦想”所决定的。一个人，每天说的话都为一天的工作指示了方向，或者是使你抓住了幸福美好；或者是使你放走了幸福，而沾染不幸。其中的秘密就隐藏在各人的大脑和身体之中。如果持续使用积极的语言，大脑就会搜寻相关的信息，并指示身体积极行动，努力工作，使你说的话变成事实。只要明白了这个秘密，你的命运就可以自己掌握。所以，为了获得成功，你必须坚持宣传自己愿望的“蓝图”。

《孙子兵法》告诉我们：“合于利而动，不合于利而止。”成功的创业人士是“愿景”阐述的天才。他们通过完美的“愿景”让人们产生非常强的信赖感，心甘情愿地与他一起奋斗，实现目标。

从某种程度上来说，是“愿景”将不可能的事变成为可能的原动力，结果使人实现空前的成绩。要在市场竞争中立于不败之地，必须自觉根据企业外部环境条件的变化和企业自身发展的不同阶段，不断编织美好的“愿景”团结人才，更新经营手段，使企业兴旺，为社会进步多作贡献。

我就是这样做的，不断地把美好的愿景进行宣传，笼络人心，给人精神力量，激励斗志。经营团队有了精神动力，树立创新意识，进行创新学习，把握创新信息，进行正确决策。是精神力量支持我们在经营管理过程中敢于碰硬，尊重劳动、尊重知识、尊重人才、尊重创造，让一切劳动、知识、人才、技术、管理等资本发挥得淋漓尽致，充满活力，让企业中一切创造财富的源泉充分涌流，促成高效率、高效益。

通过一系列的商业运作，我深刻地意识到一点：在创业的过程中，最为重要的一环就是资金的筹措，要想成功筹措资金，就必须学会运用“愿景”，获得别人的信任，自愿给予你资金支持。

同样在销售环节，“愿景”也大发其威。所谓销售，就是使产品变成商品，通过交易流动实现价值。这个产品变现金的过程，是决定经营成功或者是失败的关键环节。商品生存于社会之中，受着各种客观条件的制约，面临的客观环境总是既定的和有限的，需要有美好的愿景，估算好“时差”、“地差”，努力推进销售，实现利润。

创富锦囊

企业经营中，如果你能利用好“愿景”，将会产生无穷无尽的力量。它将产生吸引合作伙伴敢于投资的磁铁效应；成为吸收高级人才组织生产、经营优秀团队的精神支柱，鼓励销售人员团结协作推销产品的精神动力。使企业在投资、产品、变现三大环节中，环环相扣，直达成功。

十、理解“生意经”之精髓

不少做企业的人都推崇所谓的“生意经”，他们认为只要懂得“生意经”，企业的经营就能一帆风顺，大发其财。那么什么是“生意经”呢？它的精髓是什么呢？

2008年10月，我们一行人到台湾进行商务考察，期间正好碰上被称为“塑胶大王”的台湾塑胶王国首脑王永庆逝世，为此考察团临时增加了一个内容：研讨王永庆的成功人生。

王永庆在年轻的时候，只不过是一家米店的小工，家贫如洗。他是如何发迹而成为台湾传奇性人物的呢?据台湾报刊介绍，王永庆认为是“勤奋天下无难事”。他在美国华盛顿企业家学院演讲时谈到他一生坎坷的经历时说：“先天环境的好坏，并不足奇，成功的关键完全在于一己之努力。”他是这样说的，也是这样做的。他勤恳工作，勤奋学习。在完成送米任务的同时，悄悄地认真学习“生意经”。第二年，他向人求借本钱，自己开小米店。在众多的米店竞争中，王永庆深知如果自己的服务不比别人好，那就只得关门。因此，他特别关注自己的服务品质：认真地把米中杂物、沙粒挑拣干净，确保质量。另外，只要顾客需要，不管是深更半夜，还是刮风下雨，他都照常送米上门。如果遇到顾客有陈米没有吃完的，他还会主动把陈米舀出来，再把新米放下，这样，陈米就能被先吃完，而不至于出现米生虫的情况。

由于他的服务态度特别好，顾客满意，生意很是兴隆，米店很快发展壮大。接着他自己又开设了碾米厂，每天工作十五六个小时，产销两旺，碾米厂也很快发展壮大……

第二次世界大战结束后，王永庆又趁台湾发力发展城市建设的机会，大做木材生意，成为富甲一方的大商人。后来，一个偶然性的缘分，他接触到新兴的塑料化工产业，从此便扎根于化工原料及化工用品产业。

不久之后，王永庆创建了台湾第一家塑胶公司，大胆筹集资金，改造生产技术，更新设备、提高质量，发展生产。经过不断努力奋斗，终于如愿以偿，达到产量高、质量好、售价低的目的，很快打开市场销路，并逐渐扩展岛外销售网点，成为台湾民间最大的综合性企业。王永庆活学活用生意经，加上勤奋和缘分，成就了他的享誉世界的商业王国。

“做生意”是个既深刻又重要的问题，只是把“做生意”定义为商业交易，是狭隘的，有局限性的，最终会捆绑住思维方式，阻碍经营事业的发展前途。因为这样的理念，会使人忽视与顾客心理上的维系。而这种维系，正是业务发展的关键所在，对企业生存和发展至关重要。可以保持经营者头脑清醒，保持对顾客的忠诚度和吸引新的顾客。

理解“做生意”的精髓，掌握做生意的技能，“运筹帷幄，决胜千里”，称之为商场竞争谋略。人们通俗形象的说法叫做“生意经”。它丰富的内涵，是市场竞争中先人取胜的智勇所在。其实，“生意经”这三个字的由来还有一段典故。

相传春秋末年的陶朱公和猗顿是两个富甲天下、为人称颂的经商奇人，不过他们都并非是商贾世家。陶朱公原是大名鼎鼎的范蠡，他辅佐越王勾践灭吴复国后即退出政坛，隐居陶地，同时埋名改姓朱，因此人们称他为陶朱公。他撰写了一部书名叫《计然》，其中讲述了几条经商经验：一是“务完物”（妥善保管物品）；二是“贵出如粪土，贱取如珠宝”（商品价格高时抛出存货，价格低时立即收购积存）；三是“无息币”（资金周转必须迅速，生息才能盈利）。范蠡的这几条经商要诀行之有效，其本人也就是凭借这几条经商要诀大发其财，在短时间内成为大富翁。

此时，鲁国有个青年名叫猗顿，腹无饱餐，身无足衣，穷得叮当响。无奈之下，他投奔陶朱公，当一名管账先生。猗顿知道陶朱公著有一本专门论述做买卖的书《计然》之后，很希望能够研读，学习经商门道。尽管他聪明伶俐，工作十分勤快，但是陶朱公并没有把《计然》传授给他。

一天，有一条船运来大批珠宝，买家不多，为求售完，不得已压价。适逢陶朱公有事外出，猗顿不敢擅自取出巨款把珠宝买下，一时左右为难。这时，陶朱公的一位老相识提醒猗顿说："先生，《计然》说购卖货物必须当机立断，'贵出如粪土，贱取如珠宝'，你还是拿定主意把珠宝买下吧。"思前想后，猗顿接受了此人的意见，买下了珠宝，做成人生中第一笔大生意。

待到陶朱公回来，猗顿立即向他报告做成珠宝大生意的经过，诚恳地要求拜读《计然》，请教经商致富之术。陶朱公为猗顿的诚意所感动，也见他是一个可造之材，便把《计然》传授给他。从此，猗顿认真研读，悉心领会。他依据《计然》所述策略，专门从事食盐的买卖，数年间进项巨万，富比五侯。猗顿成名后，畅谈自己的体会，说到："过去我是鲁国一穷士，耕则常饥，桑则常寒。闻朱公富，往而求其致富之术。《计然》诸计，给我的买卖带来多少生意啊!"

从此以后，人们便把《计然》封以经典的美称："生意经"。随着时间的推移，经营商务活动日渐繁纷复杂，人们便把关于做买卖的经验、办法、智慧、计谋等经商谋略用"生意经"三字来形象地表达，提醒人们不要盲目经营。

战国初期曾当过魏相、后仕于秦国、最后弃官经商致富的大经营家白圭说过："吾治生产，犹伊尹、吕布之用谋，孙吴之用兵，商鞅行法是也。是故其智不足与权变，勇不足以决断，仁不能以取予，强不能有所守。虽欲学吾术，终不告之矣。"

在这里，白圭强调了做生意与用兵打仗的相似性：做生意需要不畏艰难险阻，脚踏实地去拼搏；打仗要取胜，还要有机会和缘分的配合，否则不能成功。从佛教的角度说，种下去什么因，就会有什么果。做生意的结果是由经营者的出发点决定的。举例来说，有些人为了赚钱，会千方百计对普通商品进行包装，勉强撑出一个场面，在短时间内吸引顾客前来购买，而不考虑增长的空间和发展的前途，一旦顾客意识到被骗，就再也不会上钩，更不会再次购买这个企业的产品。这些企业的做法无疑是搬起石头砸自己的脚，种下一个一个忽悠顾客的因，最后的必然结果是忽悠了自己。

创富锦囊

无论是创业还是做生意，都应要知道你的客户所需求的是什么，他们希望你以什么样的方式来满足，以及未来市场的走向是什么，你的企业、团队应该以什么样的方式来转变、创新。这就是所谓的“生意经”，其精髓就在于：切勿盲目。

十一、给顾客贩卖“好处”

同样是销售产品，为什么有的企业业绩飙升，供不应求，有的企业产品无人问津，濒临破产？是什么原因导致这两种截然相反的现象？产品的质量，还是销售产品的理念？

企业的经营要获得成功，除了要千方百计让顾客有所得之外，还应该和顾客建立心理上的联系，要让顾客感恩于你，对你所提供的服务满意，对你所提供的产品觉得有价值、能够享受得到这种价值。所以，有人说：营销，不仅是在销售产品，更是在贩卖感觉。那么如何才能将“感觉”贩卖成功呢？一个有效的办法：给顾客贩卖“好处”。

具体怎么来理解呢？就是要让顾客购买了你的产品之后，感觉获得了“好处”。一个直观的感受是：顾客是否感激于你。

举例来说，做化妆品生意，不能只知道是注重对产品的销售，更要专注于和顾客建立心理上的联系，明确推销化妆品的目的是要帮助女性感觉起来和看起来更美丽。这样的经营理念，让顾客有一种超越商品本身价值的满足感——就是一种心理上“好处”。

建立并保持与女性顾客的心理联系，既是销售化妆品的艺术效果，也是推销工作的机缘结果。加上产品品牌包装广告时装模特吸引眼球，契合女性顾客心中的渴望，希望自己用上这款化妆品后看起来会像那个模特，从而强化了顾客对产品品质的信心。这种心理沟通达成的交互式的联系，既完美地保留了现有顾客，又可以通过口碑宣传，持续地吸引到新的顾客，使生意越来越旺。

同样是做化妆品生意这件事，如果只是单纯地为了实现经营效益，把目光聚焦在金钱上面，忽视了“好处”的贩卖，销售结果将是不够理想的。

对前后两种态度，进行比较，我们能够发现其中有着深刻的不同。

这种不同既是顾客的心灵感受，也是不相同的推销员遭受不同的机缘结果。前者，在买卖过程中，顾客付钱买的不只是商品，还有对美好未来的憧憬；后者，在买卖过程中顾客付钱买的只是商品，没有美好的感受，也没有对未来美好的憧憬。相同的工作，相同的商品、相同的顾客群，销售结果却大相径庭。

我认为：做生意要长久，要获得发展，需要认真思考自己为顾客奉献的是什么？从狭义的角度，是给顾客奉献了产品，进行了商品交易，让顾客受益；而从广义的角度，是给顾客奉献了愿景，让顾客享受好处。

所谓好处，就是给顾客带来利益和快乐。让顾客不会在交易结束之后有产生遗憾的可能性，从而从根本利益关系上，减少和避免产生麻烦、痛苦的情绪。所以，对创业者来说，给顾客贩卖“商品”与给顾客贩卖“好处”的结果完全不一样的。而当你有意识地把“商品”升华为“好处”的时候，你就是在为顾客创造美丽，使之获得幸福感和满意度！

创富锦囊

经营企业、做业务，如果只顾自己的需求，无休止地追求经济效益，致使做生意的目标只盯住“钱”，造成价值观念上的偏差，结果会被顾客抛弃而失败。从另一个角度来说，在产品销售的过程中，如果能够增加商品带给顾客好处的宣传，销量可能会大幅度提升。

十二、模仿创新是创富正道

不少创业者都把乔布斯当成榜样，认定他是一个真正的成功者。那么你是否看到乔布斯成功的关键在什么地方呢？他的创新是建立在什么样的基础之上的？

生意场上，有一个刘姓朋友，改革开放以后，借款5万元经营小小的服装店。几乎就在服装店生意最红火的时候，他却把它给卖了出去，用所获得的资金购买汽车，开始搞运输业，自己当司机。1998年，他又把搞汽车运输业的营业执照卖出去，改行经营海鲜水产批发生意。后来，在海鲜水产批发生意最好的时候，他又把海鲜水产批发店转让出去。2006年，他再改行经营酒店。

几乎就在同时，他从海鲜水产批发店转让款中分出一部分资金，投资购买商铺物业。当时购买黄金商铺每平方米才3000元，可谓是低价。谁能想到，现在该地段是每平方米2万多元，他的商业眼光真叫人不敢相信。现在，他的酒店，一楼经营家用小百货及美发美容，二楼餐饮饭市，三楼歌厅娱乐，四、五、六楼经营旅馆。开业当天，即引起哄动，激起千层浪花，开张以后生意非常盛旺。

另外，他在企业形象设计上表现出一流的气派：招聘员工以本地人优先，让社区公众得到实惠，获得大家的支持。在酒店内部管理，他贯彻“以人为本”理念，明确提出“宾客至上，员工第一”的口号，使企业管理井井有条；对外部，强调服务质量，得到了公众的好评，实现了高利润率的经营管理目标。由于他的价值观念符合众人的根本利益，酒店生意经营得红红火火，开业第3年便进入了盈利高峰期，至今没有减退。

在一次聊天中我问他：“你为什么可以做到行行成状元？”他笑着回答说：“就是有样学样，用时尚一点的话说，就是模仿创新出成果！”

在我这位刘姓朋友的身上我们可以看到，创业经商，具有模仿创新的能力是非常重要的。同样我回顾了自己30多年来的创业经历，经过一番分析之后也得出一个结论：模仿创新的战略思维相当重要：无论是企业经营还是产品的经销，都必须千方百计节省成本费用，又要有特色，只有模仿创新才能做到。同时，创新源于深度模仿，事半功倍。要有所成功，必须在模仿的前提下进行创新，才能实现高经济效益。

经济学大师德鲁克说过：创业者的两大使命，就是创新和营销。但是，人们往往忘记了德鲁克对于创新所下的定义——创造消费者。创新并不是发明创造，也不是革命，推翻旧有的东西建设崭新的东西。创新其实是改革，是对已有的东西进行品质、外观等一系列方面的提升，增加了实用价值和商业价值。而对于大多数创业者而言，如果只为创新而创新，成功的概率会很小，酿成的苦酒，只能自我消受。创办企业，不需要成为所谓的创新英雄，而需要在市场上成为站稳脚跟最终获得利润的实业家。所以把握模仿的生命力是创业成功的关键。

当年，福特发明了汽车，时至今日，福特早已不是汽车业的老大。在金融危机的冲击下，它还挣扎在破产的边缘。如果美国政府不施援手，可能已经寿终正寝。施乐公司创造出了全世界第一台复印机。但是，曾几何时，它早已被日本的佳能所打败。eBag曾经是全球电子商务行业的老大，进入中国市场也是行业第一。淘宝公司也曾经是它的追逐者、模仿者、追赶者。可是现在，eBag在华的业绩根本无法与淘宝公司的业绩相提并论。同样，雅虎公司也是被它的中国模仿者们击败。

即便是国家的经济发展，也是模仿者后来居上。日本、韩国的经济起步都是模仿欧美。之前，日韩都没有什么惊天动地的大发明。它们在经济上大步追赶欧美的时代正是模仿最为疯狂的时候。中国改革开放，经济起飞，同样起源于模仿欧美日韩，并且做到了总成本领先，价廉物美在一般的制造业界超越了欧、美、日、韩，成为世界经济发展的领头羊。这一切，又一次证明了模仿策略是最快取得成功的策略。模仿的模式，也是不可以轻率地转型的。因为“创造”的本身需要有一个过程，模仿得不深不透，又何谈“创造”？

对于模仿的认识，人们往往带有偏见，似乎是一件不光彩的事。其实，模仿就是一个系统的学习过程。每个人的成长——包括走路、说话、穿衣等都是从模仿中进行学习的。学习知识的过程也是一种模仿的过程，从小学、中学、大学……各种各样的技能培训，无一不是从模仿开始的。

模仿不是丢人的事情，恰恰相反，好的模仿是使自己变得优秀的最佳方法，谁拒绝模仿，谁就难以优秀，古今中外，概莫如是。创业者都以乔布斯为楷模，为偶像。实际上乔布斯就是一个优秀的模仿者。他的产品走的是模仿路线，把别人的创意加上自己的改革，使电脑产品、商业运作模式，都发生变化，从中获得丰厚的经营效益。因为他时时、事事、处处都有模仿行为，所以有人甚至说他是个剽窃者。乔布斯的杰出之处，恰恰在于他能够在模仿中创新，包括推陈出新的商业运作模式，使他能够登上创业高台的巅峰。

应用模仿战略战术，它不需要去试探创新产品能不能创造出新的消费者。同时，它能在先行者的基础上根据市场需求对产品进行有效的改进，节约成本，降低售价，发挥自己的特长。模仿创新可以对先行者的软肋进行攻击，以便取得更好的经济效益。

在思维方式上，要区分模仿和抄袭不同的性质，它们是两回事。抄袭是邯郸学步般地跟进，而模仿是一种深度学习，有改革，有创造。从这个意义上讲，模仿可以说是创新的必经阶段。和单纯的抄袭不同，商业史上大多数的成功者都是深度模仿者，即是系统的模仿者，说得更干脆点，大多数的创新都是在模仿的基础上进行的，没有模仿就不会有创新。而创新的本质，大多不是基于新技术，而是为了更贴近消费者，为了更好地为消费者服务，满足消费者需求。

事实上，深度模仿者比先行者更理解产品的特质以及企业行为的优劣。先行者的成功可能是偶然的，他本身并没有去深入探究过企业行为的逻辑，和为什么会获得成功，而是一直在寻求“如何能更加成功”。成功的模仿者没有惰性的情绪，没有思想负担，是善于学习的后来人，他们会思考先行者为什么获得成功，了解先行者成功的本质和不足，发扬先行者优秀品质和克服不足，研发充实成为自己的核心价值观和竞争力，把先行者打败。这就是先行者被模仿创新者追赶之后往往一落千丈的真正原因。

我的做法是：创业的初始阶段，选择适合的标杆企业进行模仿，从产品到运作模式，由表及里，进行深度的、系统性的模仿，深入领会核心价值；然后，针对标杆企业的不足，改进、创新，以开发出更完美的产品及商业模式。我的模仿策略大概有两个，一是产品，二是公司运作模式。产品模仿是初创阶段的必要行为。这项工作看似简单，其实也很不容易，不同条件有不同的模仿定位。比如我们做“玉兰花园”商品房，就不是单纯的产品模仿。而是把“20 年不落后”的理念融入到模仿的商品房产品之中，创造出花园型梅花点式住宅楼，个个房间通风采光，更具有使用价值和商业价值，具有更多的优越性，使之在市场竞争中获胜。

再说公司运作模式的模仿创新，重点应该放在管理。把科学管理更新观念为管理艺术，智能化、信息化。采用精英管理系统的办法，大量节省了人员开支，偌大的公司，只有 20 多个员工。另外，实行利益共享，充分发挥自身优势，每件事都做得井井有条，高效率、高效益，令人信服。可见，管理模式模仿创新是适应市场经济和推动企业发展的灵魂。

中国工业化历史很短，还处在少年时期。在全球视野下，认识模仿的效能，才能快速成长，从“中国制造”过渡到“中国创造”。如果模仿都还没有学会就奢谈“创造”，必然会把创业者的视野引入歧途，造成严重损失。创业者想成功，必须放弃好高骛远，首先争取成为一个好的模仿者。简便的创新就是善于寻找学习的标杆，模仿标杆的主要成分，适当地改进部分结构，就是创新。深度创新是对内进行组织结构，行为方式，商业模式，经营机制进行改革，使之在市场竞争中获得先手，取得更大的发展。

在我的创业理念中，牢牢把握模仿创新是正道的思想观念；模仿创新是创业最基本的方式、方法，成本最低，最为有效；使企业经营取得了明显成效，在市场经济的康庄大道上阔步前进。

创富锦囊

成功的创富理念，就是牢牢把握模仿创新这个正确的思想观念，为企业寻找学习的标杆，从产品、经营到企业的管理、运作模式，进行全方位的、深入的了解，然后根据市场的需求，进行模仿和创新，这是一条成本低廉、成效最佳的创富之道。

十三、劳动报酬不等式

同样是一天8小时的工作时间，同样是劳心劳力地付出，为什么有的人家财万贯，而有的人只能温饱度日？当你在抱怨上天对自己命运不公的时候，是否也想过问题出在哪里呢？

2002年，我在参加MBA学习班的时候，一位姓刘的教授，专门给我们讲解国际上关于“劳动报酬不等式”的研究报告。他告诉大家：现代社会科学研究成果告诉我们，劳动付出与收获是不能相等的。如何培养劳动能力选择职业，关系到个人的财富前途。他说，国际社会科学合作研究的成果表明：社会现实中五种劳动能力（肌肉、神经、分销、管理、风险）获取的利润回报率权重比例关系分别为：

A、肌肉劳动只占2–3%；

B、神经劳动约占4–5%；

C、分销劳动约占8–10%；

D、管理劳动约占15–20%；

E、风险劳动占有的比量是(–) ~ (+) 100%。

可见，不同工种、劳动能力获得的收益差距是多么巨大。为什么呢?因为分销劳动有商品资源红利、管理劳动有人力资源红利、风险劳动有不确性的政策资源红利。

刘教授还对风险劳动的资源红利作了特别讲解。他告诉我们，风险劳动的结果有三种可能：保本、正、负。很多人充满热情，渴望通过投资创业获得财富，而通常的结果是事与愿违，失败者居多。为什么呢？人性欲望是双刃剑。它既是创业成功的先决条件，也是造成创业失败的错误心态。

听了教授的讲解，我在想一个问题，我们常说“男怕入错行”，原因就在于入错行之后，很有可能遭遇“不平等的劳动报酬”。事实上，在社会现实中，劳动报酬因业而异，随处可见劳动报酬不等式。

我有一个好朋友，原本是郊区种田的农民，1983年秋天，我和这位朋友一起到象头山去捕捉野味。早饭后带上长柄铁叉、网兜、布袋、午餐，顺着七级电站的山路，搜索着往山顶去。正走着，忽然看到一条足有5斤重的大毒蛇抬起高高的扁形蛇头，口中吐出舌头发出“嘶嘶”的声音，恶狠狠地对着我们。我害怕得发抖，他却打起精神，舞动铁叉，对准蛇头用力叉去。可惜没有叉住，让它逃走了。

他说：太可惜了！如果抓住了，值6担谷，可以卖到50多元。我说：太危险了。被咬一口，就没命了！他笑着说我太胆小！

那天当我们把所有野味卖出去以后，一下子获得250元的收益。在那个时候，250元，相当于30担稻谷的价值。养一条大猪，要一年半的时间，才能有200多斤，也卖不到250元！

后来，为了解决就业问题，也是为了谋生多赚钱，他离开了破落的农村，赤手空拳来到城市做最苦最累的建筑工人。二十世纪八十年代后期，惠州迎来了大发展的好时机。市政府制定了扩大城市建设的“大惠州建设规划”。机会到来了，他大胆地高利率借款，筹集了三千元，成立了自己的实业公司，开始独立经营建筑材料之类的商务。在承接建筑安装工程过程中的许多上游原材料及下游废弃物材料，都通过他的公司流动，经营业绩突出。经过两年多的辛勤劳动，积攒了一大笔钱。到1992年，乘惠州城市建设大发展之势，公司的经营业务不断扩充，飞速发展，自己建厂生产建筑材料，成为一个很有实力的企业。

1993年以后，惠州房地产开发业务一落千丈，形成了大批的“烂尾楼”。他的公司被拖欠的大量的工程款，由于“烂尾楼”的拖累也成为一种不良资产，搞不好就会是呆坏帐。面对现实，他们当机立断，把被拖欠的工程款用“烂尾楼”商品房抵债，收购了一批的“烂尾楼”。在当时，有人讥讽他们是“傻瓜”，是“捡破烂”。几年时间过去了，正是那些烂尾楼“捡破烂”，为企业储存了大量的稳性财富。

1998年，他的公司用“烂尾楼”商品房向银行抵押贷款，然后完善了烂尾楼的建设、销售，实现了很好的经营效益。他很快积累了巨额的资产财富，为企业的飞跃发展打好了基础。

2003年，他又乘着房地产市场复苏的大好时机，在东江边上拿到了大片建设用地，开发成功，成为惠州地区首屈一指的大房地产商！

他从一个普通农民，离开了农村进城当泥水工、包工头、拉建筑队，到承包工程施工，风风雨雨，拼搏30多年。现在，他终于成为惠州地区享有盛名的房地产开发商，成为惠州人熟悉的企业家。

想着他的成功，我思索万千，觉得他的成功源于他敢于选择风险劳动的作为，闯入劳动报酬不等式取得了丰硕成果！是的，人生在世，事业发展受社会环境制约，事业前途是主观努力和客观因素不断选择的结果。各人有不同的活法，对事物发展的态度也不一样，人生道路千差万别。追求财富，是人的本性。有选择地培养劳动能力，选择回报率高的职业，对创造人生财富的确是非常重要。从事什么样的职业劳动，如何进行创业、创富？怎样选择适合自我发展的行业，获得较高的劳动报酬？值得借鉴，值得深思。

创富锦囊

从某种程度上来说，这个社会没有绝对的公平，尤其在劳动时间和薪酬水平的标准上，更是千差万别。如果你要想从低收入群体进入高收入群体，必须要敢于闯荡，敢于闯入劳动报酬不等式并取得成功。人生在世，事业发展受社会环境制约，事业前途是主观努力和客观因素不断选择的结果。

十四、坚守普世价值观

做企业犹如做人，要坚守普世价值观，坚守自己的底线，否则很容易遭到世人的唾弃，企业的经营也难免走向失败。那么什么是普世价值观，又该如何坚守呢？

2006年清明节，回乡扫墓的我看到有一个用木头油皮纸搭建、在垃圾堆旁边的食品作坊。横七竖八地堆放着面粉、花生、槽水油及制作炸油果子的工具。油锅的污秽渣滓，涂了大半个锅壁，那肮脏程度，让人只看上一眼就会感觉到恶心。一股浓烈的刺鼻的馊油味扑面而来，令人作呕，叫人站立不住。散散落落堆放在地上簸箕里的油炸果品，五颜六色，使人有一种说不明白的厌恶感觉。作坊主人看见我们，非常热情，笑嘻嘻地捧上一把油炸果子，请我们品尝。

我很吃惊，脱口问道："街上卖的佗城特产——油炸果子，都是这样加工出来的？"他回答说："都是这样做的。"我忍不住又问他："你这样制作油炸果子卖钱，不觉得亏心？"他笑着说："我这样做有什么不好？不卫生的东西，油锅一炸，那么高温，什么细菌也杀死了。不碍事的。"我很严肃地说："这是食品。这样做油炸果子卖钱，会吃坏人的，是不讲仁义道德，是伤天害理！"

对我的说话，他似乎不以为然，慢慢悠悠地说："我这样做算什么不道德？你知道吗，卖青菜的，专门晚上打农药，第二天摘去卖！青绿绿的，好看，好卖！卖鸡的，专门给鸡喂灌白泥，有重量！养猪的，饲料加激素，瘦肉多，卖高价。你怎么办？总不能不吃菜，不吃鸡，也不吃猪肉！"

我听到他这样说，心里一阵莫名的难受。当今社会，有些人为了赚钱，可以丧心病狂，造假食品如此胆大妄为，还恬不知耻！

我又联想到一个商场朋友可怜下场！他投资办企业，不择手段赚钱，却因制造买卖假酒，致人中毒死亡，触犯刑法，结果企业被查封，他自己被法办。事实告诫我们：办企业要依法经营，要有公德心，必须以利他的公德心经营管理企业，坚守普世价值观。如果在经营过程中没有公德心,只追求经济效益而忽视社会效益和环境效益，甚至于为了经济效益而伤天害理，假、冒、伪、劣。为了牟取暴利而贩卖毒品、毒米、毒油、毒酒等等，置顾客生命健康而不顾，就会为公众所唾弃！

中国传统文化的普世价值观的内核包含人性的庄严，突出表现在“敬、恕、和、耻”四个字中。

“敬”——敬畏之心，敬之无咎，敬人避祸，是信仰之维。社会上的许多弊端都是产生于失敬。比如“忠孝”、“礼仪”、“诚信”，内核都是尊敬、信仰。如果能够坚守，大家都彼此互敬，则社会风平浪静，就会形成安定，安宁的氛围。

“恕”——谦虚宽恕。己所不欲，勿施于人。对人，对事，对过去，对现实，用“恕”的心态，去看待身边的人和事，有“了解之同情”的胸怀，会表现出高尚无比的情操。与人相处，给别人多一点赞许，自己也会获得一分称赞，何乐而不为。

“和”——和平、和谐，天下大同，“和而解”。老子说“无为而无不为”，人类总有共同点，有和解诚意的前提，就会有和平的出发点和落足点，就可以和睦相处。虽然世界上到处都充满冲突，人类的共同性总是占上风，总的趋势是走向和解，走向和平。如果反其道而为之，因为文化观念不同而仇，仇而斗，斗而死，则不得安定，对谁都不利。“不战而屈人之兵”是最高境界，“和而解”，引导不同信仰不同种族的人类走向融合，走向文明。

“耻”——又称“耻感文化”，它与西方的“罪感文化”有异曲同之妙。知羞耻，什么事可为什么事不可为，认识丑恶，明辨是非。“礼义廉耻，国之四维”。可见古人对知耻文化是多么重视。正是这一种“知耻”之理念，使人行为端正；如果不知羞耻，则会无恶不作，成为“无耻之徒”，则会人鬼共憎。这样的人，在社会上无立足之地。

中华传统文化讲“有教无类”，是说文化高于种族。人类文明进步形成的普世价值观是共通的。

在英国，有这么一个关于坚持“诚信”的经典案例：一个犯罪分子犯罪事实和证据确凿，即将遭到逮捕。他闻讯出逃，跑到非洲地区一个小国家，这个国家与英国政府没有引渡条约，英国政府派出的警方人员不可以在那个小国家里抓捕犯罪嫌疑人。

派出的警方人员到了那个小国家以后，找到了犯罪嫌疑人，对他说：“只要你和我一起回英国，则可以免除坐牢处罚。”犯罪嫌疑人相信了警方人员的话，和他回到英国。可是很快，警官反悔了，通过检察机关公诉犯罪嫌疑人。

法院受理此案以后决定当庭释放犯罪嫌疑人。法院的判决在当地引起了强烈的反响。对此，法官解释说：警方人员在非洲地区没有引渡条约的小国家抓捕犯罪嫌疑人的时候承诺“可以免除坐牢处罚”，现在如果判决犯罪嫌疑人坐牢，则违反了“诚实守信”的原则，这样做的结果，虽然合法，合理，当事人和群众都会拥护，却会因此而污染社会环境，教人为了某一个目的而不要“诚信”，那样的后果会是不正之风泛滥成灾，阻碍社会文明。

法院的理由让人信服，更让人敬佩。这个故事说明西方文明的普世价值观也是强调“诚信”。“自由、平等、人权、民主、公正”。诚信是道德的基础，为维护社会公共利益服务，作为调节社会中人与人，人与社会，人与自然之间关系的行为规范和行为方式其出发点和落脚点都是为了维护社会稳定、和谐。

东方文明和西方文明都强调“诚信”是维护社会公共利益、调整企业和社会、企业和员工、企业和环境之间关系的行为规则。普世价值观主导的诚信形象表现综合素质和整体实力，获得大众认可、支持和帮助，在社会公众中有知名度、美誉度，有助提高“商誉”。诚信的“商誉”能够降低买卖双方的交易成本。对于买方来说，由于卖方的“商誉”好，可以减少忧虑，节省时间和金钱；而降低进入市场和争取消费者的成本，强有力地促进企业产品畅销、盈利；并能有效地延长产品的市场寿命。坚守普世价值观，做到大智若愚,大巧若拙，大象无形。一个人，无论才华如何出色，也勿以善小而不为，勿以恶小而为之。有时，一个小小的恶念，就会让一个杰出人物被自己击毁。用普世价值观主导行为方式，“诚信”具有公德心，对社会公益尊重，对法律法规尊重，对他人人格尊重，尊崇“自由、平等、人权、民主、公正”，在市场经济中有所作为，为社会发展多做贡献。

创富锦囊

一个人，无论才华如何出色，也勿以善小而不为，勿以恶小而为之；一个企业，无论生产的产品有多么优秀，口碑有多么好，也不应对公众丧失诚信。坚守普世价值观，做到大智若愚，大巧若拙，大象无形，才能有效地延长产品的市场寿命，强有力地促进企业产品畅销、盈利。

一位企业家的创富密码

CAOZUOPIAN

操作篇

十五、经营策划定成败

一系列的实践证明，企业经营创富要想获得成功，必须有一个正确、客观、及时的经营策划，然后按照策划精心组织实施，否则失败的可能性很大。那么如何制订你的创富经营计划呢？在策划过程中要注意哪些问题呢？

商场如战场，在战争中适用的经验，往往也适用于商场。伟人毛泽东在讲述战争时指出：战争胜负依靠军事计划的制订。指挥员的正确部署来源于正确的决心，正确的决心来源于正确的判断，正确的判断来源于周密的侦察和对于各种侦察材料的联贯起来的思索。指挥员用一切必要和可能的侦察手段，将侦察得来的敌方情况和各种材料加以去粗取精、去伪存真、由此及彼、由表及里的思索。然后将自己方面的情况加上去，研究双方的对比和相互关系，因而构成判断，定下决心，作出计划，克敌制胜 (《毛泽东选集》四卷合订本第 163—164 页)。

这段话精辟地论述了制订军事计划对战争胜败的重要性。由此及彼，对创业者来说，制经营计划对创富成败也非常重要，要策划实现经营目标的方案和实施办法，策划好坏决定经营成败。只有了解经营项目的全过程以及相关的发展规律，实事求是地做好商业策划，认认真真组织实施，才能实现成功，否则失败的可能性会很大。

所谓商业策划，就是对经营项目商业运作中市场信息的管理和技巧处理（或操纵）的过程，也就是说，对经营项目的谋略决策和计划运行进行严格管理。策划强调主动迎接市场挑战，为市场服务，适应市场并力争取胜。在实施过程中，以人才为中心构建战略、营销、路线三结合的流程，不断地提升执行力，投资增值，形成永不闭合的圆圈，使财富雪球越滚越大。

市场经济的特点是买方市场，竞争激烈。经营策划的重要环节是对相关产品的市场信息进行管理、运作、操纵和处理，做好精确计划和实施办法，务必抓紧抓实抓好。具体经营主体不同，条件不同，方法也有所不同。营销策划要总揽全局，整合优势资源，做到优胜策划；同时，还要有风险意识，从最坏打算，争取最好的结果。下面说说我的具体做法。

退休后，我确定了10年（2003—2012）创业的构想，很快就在城乡结合点拿到了两个“烂尾楼”项目，一个命名为“海燕·玉兰花园”，另一个命名为“海燕·绿岛商城”。两个楼盘，建设用地总面积约5万多平方米，总建筑面积约20万多平方米，可销售总面积只有约15万多平方米。

对此，我进行了总体策划，决定分“三个阶段”组织实施。第一阶段开发经营“海燕·玉兰花园”，建设用地总面积约2万平方米，建筑面积约9万多平方米，销售面积约7万多平方米。计划时间5年；第二阶段开发经营“海燕·绿岛商城”，时间4年；第三阶段，最后一年，总结经济实力和经验，再考虑如何进行第二个10年期创业。

万事开头难，“玉兰花园”项目做好做坏是第二次创业成败的关键。为求成功，在项目开始之前，我全力以赴做好相关的项目策划，通过认真的调查研究，反复修改，花费了3个月的时间才写好《全程整合营销策划书》：

一、市场定位。根据玉兰花园建设项目地理位置三面临街，宜商务、宜居住的特点，结合资源、资金状况，确定按中等收入家庭住宅消费需求的市场档位进行开发建设，成为集商务与住宅为一体的花园式小区。目标客户是创业阶层的中小产业者、经理人、中高等级别收入的投资置业者、新移民以及其他需要购房置业的人员。合理配置小户型、安居型、复合型三种类型的综合性商品楼房。按需求进行规划设计，严格按照预算规定，控制好成本，制作符合客户实际需要的综合性商品楼。中等品级，质体优良，色彩取胜。营造“便利、安定、和谐、尊贵”的生态环境；连结成为整体，组成一个相当规模、安全保障、雅观优美、商务及健身设施合理配置的小区。

二、财务测算。财务管理工作，必须以预算为基础，测算开发成本、税务、销售额，确定利润指标。以编制财政投资预算为基线，从建设项目开始实施到销售完成的全过程，编辑费用开支统计数据，将建设项目工程建筑费用控制在投资预算范围内。分别各个专项工程：A、土建工程，B、水电安装工程，C、防雷、消防及人防工程，D、电梯安装工程，E、机电设备安装工程，F、管道、排污系统安装工程，以及其他专项资金工程项目。分别进行定量、定额造价测算、核算，封闭、包干结算。设计方案不变更，投资金额不能改变；不管是什么原因，造成工程项目投资金额变化，必须经过股东会议讨论确认，才能有效。

三、组织团队。要求全体员工创造条件，形成浓郁的学习气氛，努力做到：自尊、自信、自重、自强、自律。组织经营管理架构，明确阶段性目标，限期实现。聘任制总经理：全面负责经营管理的工作责任和经济责任；实行在领导决策层指导下的项目总经理负责制，总经理由执行代表提名，聘任；总经理助理：协助总经理处理各项具体的经营管理事务，协助总经理做好分项经营管理的指挥协调工作。“精兵简政”，定岗定员，根据经营管理业务的实际需要，分设管理系统、部门，按不同职能设置岗位，明确目标责任制。制定约束机制，规定奖惩办法；奖励，以工作实绩为奖励标准，对取得明显经济效益，贡献大的员工，要评功摆好，宣扬成绩，精神上给予荣誉鼓励，经济上给予实惠奖励。

四、加强管理。努力做好检查、监督“四个控制”的落实。首先是“资金控制”。按工程建设项目预算执行。凡设计方案变更，或者是施工现场需要，投资项目资金金额改变，必须经过股东会议讨论确认，才能有效。其次是“质量控制”。工程项目质量控制是严格执行建筑设计意图实现过程，要严格按设计标准、保证质量进行施工建筑。严禁使用不合格的建筑材料进行施工。对质量事故要做足防范措施，出现质量事故要从严追究管理者责任。再次是“安全控制”。认真贯彻执行安全生产管理规章制度，从严治理，规范安全监察。认真监督，防患未然。一切从实际出发，严格执行安全生产责任制度，做足防范措施。凡违反安全规定进行施工，要追究责任；必要时责令停工整顿，确保安全可靠。最后是“进度控制”。开发工程进度直接影响经营时机，影响经济效益。

努力实现按照经营计划需要所规定的建设时间进行施工，准时竣工。

五、竞争取胜。“诚信制胜”以创造价值为目标，遵章守法经营，努力提高顾客满意度，推动销售。“传播取胜”，舞动地产魔杖，做好口碑广告宣传，完善服务功能，拉动关系网络，促进销售。“薄利优胜”，高品位建筑，低价格销售。充分发挥性能价格比的比较优势，货真价实，客户赞赏。“价格吸引”，定价方针低开高走，参照建筑物的形象进度确定不同建设阶段的销售单价，用不同建设时期不同的价格差额，形成先购房者得利的态势，快速销售。同时，注意建设“销售渠道”，创办销售队伍，认真做好销售人员的培训工作，制定激励机制，促使销售交易成功。采取措施“促进销售”，突出特色、平价、时尚、精彩。最后是努力“完善服务”，千方百计争取顾客满意，充分认识做好服务系统工作的重要作用，重视售前、售中、售后以及招聘物业管理公司努力搞好物业管理等各个阶段的服务性工作，促成交易。

六、突出“创意”，提高效益。A. 用“加法”增加销售额，提高经营效益。房地产物业，改善功能可以成倍提高经济效益。具体说就是全面提升商品房价值。“以人为本”全面提升房产人居价值。产品升级的使用价值，服务升级的享受价值，环境升级的商业价值，文明升级的成就价值；以投资赚钱为社会责任，追求效率，实现房产的财富价值。把高 23 层的腾龙大厦由住宅改造成为商务酒店。这样，销售额增加 1500 万元，去除税金，纯收入增加 1300 万元，使利润由 1700 万元提高到 3000 万元，从而实现超常规经营成果。B. 用“减法”优化销售单价，提高竞争力。在定额利润框架中把经过优化减少成本金额让利给客户，降低售价。价廉物美，销售空前火爆。至 2005 年底，完成销售任务，比策划预定时间提前一年。C. “产品集资”解决资金困难。根据策划经济指标，把合理的利润率、利息率计算金额约合销售额的 20%，让利给客户，用“投资分期房”的形式，从挖桩开始认定。比《预售许可证》提前 8 个月，收集客户大量投资资金，解决了建筑资金困难，不拖欠工程款、建筑材料款，赢得信誉。

七、及时总结，完善提高。任何策划都依靠执行力完成，为了执行好，制订例会制度，及时总结经验，修正错误，完善各项措施。具体说：A. 年初会议研究规划全年工作任务，制定落实方案。B. 每月第一个星期一召开工作会议，检查策划方案进行程度，及时调整，确保进度。C. 每星期一召开办公会议，执行落实具体工作任务。D. 年终总结。

在《策划书》完成之后，认真地组织实施。现在回头看，是这个策划书做得好，组织实施得好，经营结果取得了明显的成效。5 年时间过去以后，“玉兰花园”项目实现了“顾客满意、投资者满意、社会大众满意”超越常规的经营成果。事实说明：营销策划好经营项目才能成功。

创富锦囊

现在是买方市场的经济模式，企业之间竞争激烈。要想创业致富，你必须首先做好一个经营策划，对相关产品的市场信息进行管理、运作、操纵和处理，做好精确计划和实施办法，务必抓紧抓实抓好。务必谨记一点：具体经营主体不同，条件不同，方法也有所不同。营销策划要总揽全局，整合优势资源，做到优胜策划；同时，还要有风险意识，从最坏打算，争取最好的结果。

十六、设定行动方向标

企业创富是一个长期性的、策略性及步骤性极强的一项工作。其开端就是设定一个行动的方向和目标，唯有如此，才能按照“既定的轨道”往前发展。那么在行动方向和目标的设定上，需要注意哪些问题呢？

有一则寓言故事，说小毛驴兄弟两个，都非常勤劳。老大是忠厚老实，从不出门，它整天为主人拉磨辗面。360°转个不停，累得满身是汗，还时常遭到主人的呵斥，任劳任怨。日复一日，年复一年，慢慢衰老。老二却是灵活伶俐，天真活泼，讨人喜欢，很得主人宠爱，带着它远走高飞，经商做事业。10年以后，主人事业有成，回乡来光宗耀祖。老二跟着，披红戴花，趾高气扬，春风得意，好不威风。老大很不理解，也不服气，它质询老二：“你出门在外，享受了无限的人间美好，现在回来，功成名就，人见人赞，无比幸福。我出力比你多，生活比你苦，却得不到荣耀。我们兄弟俩的归宿，为什么会有这么大的差别？”老二笑笑，心平气和地说：“就因为你没有方向，没奋斗目标。你每天拉磨，上鞍之后，从原点出发，回到原点卸鞍，吃饭睡觉，就只能是今天这样的结果！”

这个故事很简单，也没有多少奥妙，却说明一个深刻的问题：设定行动方向标，对人生前途是多么重要！

对于创业者来说，行动方向就是创造财富。价值观念明确，落到实处，让团队统一认识，追求共同目标，培养奋发进取的精神，工作作风雷厉风行，遵守职业道德，经营言行规矩、文明，时时处处争取顾客满意。这样做，公众拥护、爱戴，企业经营才能不断地向前发展。另外，还要注意适合国情，需要时刻关心国家大事，关注政治形势，以及因此而产生的好的或者是坏的影响，了解政治经济秩序及地区差别，注意地方政府的经济建设和社会发展的步伐。在这样的前提下，捕捉商机，正确选择优胜项目。不断地整合资源、配置实力、提升能力，投资增值。使企业名牌在公众中有较高的知名度、良好的美誉度、亲和的接纳度，提高企业“商誉”。

有了明确的方向之后就是全神贯注于达成目标。我知道，这种特质，在商界需要，其他行业也一样。我曾经研究过卓有成效的运动员，拿到奖杯是方向，是奋斗目标。不是在20岁的时候在竞技场上拼搏可以获得世界第一的殊荣，也不是在19岁时才下定决心练功就可以达成目的。一般地说，大多数是从5岁开始，就不断地刻苦训练。所付出的是十几年专注奉献的岁月，这期间，没有获胜的保证，只有一个方向。当其他人躲在暖暖的被窝里或者在舞会上尽情狂欢时，陪伴他的只有一场场孤独的练习。他们知道,一个人不能在嬉戏中获得成功，要有所作为，必定要有所牺牲。这种方向性的无形的力量，促使他们修炼内心：既要信心百倍追求成就，也要有防范失败的思想准备；即使受到挫折，也不惊慌失措，最后成为胜利者。

实践经验告诉我们：“一个人如果只考虑今天，则不会有美好的明天。今天的优秀其实是昨天确定奋斗目标以及艰苦实践的结果。”有方向，有目标，对发展未来有预见性，有行动计划，有具体措施和具体操作办法，又有正确的判断，才能实现目标。

当然，方向、目标很重要，除此之外，还要有实质性的行动计划和物质条件的保障。以此为依据，制定企业经营的路线、方针、政策充分发挥效能，才能实现成功创业。在不危及生存的前提下，把长期利益放在短期利益之前；在危及生存的时候，把长期利益放在短期利益之后。当企业利益与顾客利益发生冲突的时候，努力考虑顾客的利益，处理好相关问题，争取顾客满意。当企业利益与员工利益发生冲突的时候，在确保基本工资待遇的前提下，优先考虑企业的利益。周期性财务考核与真实性财务结果发生差异性的时候，正确看待报表反映的财务指标，应该优先考虑真实性的财务结果。把握财务指标差异性的终端结果，进行调整和优化，争取主动，实现最好的效益。在执行行动计划过程中，重视奖惩制度，要策划好量化指标权衡轻重进行绩效考核。既要看重量化指标的作用，又不能轻视非量化指标对企业发展的影响，处理好与年度发展的关系。不同岗位职责的员工分别对待：对普通员工，强调时效性，即时兑现为主；对于主要经营管理者，强调长效性，以年度兑现为主。使用人才内部选拔与外部聘任的关系，以内部选拔优秀年轻人才为主，外部招聘专业人才为辅。两手都要硬，组织优秀团队，确保在总的行动方向标框架内实现阶段性经营成果。下面说说我的具体操作方法。

退休后我创办民营企业，设定了10年期限的行动方向标：第一个阶段，头5年，打基础；第二阶段，4年求发展；第三阶段，1年寻找新目标。事业发展的轨迹虽然有一些出入，比如各个阶段的业绩有多有少，时间也有所延长，但还是基本实现了既定的目标。

第一阶段：初始时期，从零开始，充分利用资源谋求成功。2003—2007年，开发房地产项目“海燕·玉兰花园”，调动了一切可利用资源的优势促成事业。大家都知道，资源优势是企业生存的第一要素。优越的市场机会，高素质低成本的人力资源，特殊性的物力财力资源，独有的技术专利，丰厚的政府部门关系资源配置等，都是造就事业成功的重要因素。特别是在早期，事业发展对资源配置的依赖性更加突出。忽略了这一点会给初办企业造成严重的后果，影响企业生存而致使创业失败。由于资源优势是外部优势而不是企业的自身素质，它们只是比较优势而不是可持续的竞争优势。所以，在企业发展到适当的时候必须跳出依赖于资源优势的境地，才能持续成长。从2006年起，我的企业开始偏重依靠管理创新和经济实力，结果取得了明显经营成效，为第二阶段发展的需要打好了基础。

第二阶段：充分利用运营能力促成企业成长发展。2008—2011年，开发房地产项目“海燕·绿岛商城”。开始的时候，核心能力已经有两个方面：一个方面是预见性的领导指挥能力；另一个是编制能够实现利润的营销流程。就是说，能够充分发挥自身能力运营，促进企业可持续成长。企业如果只依靠资源优势增长是难以为继的，必须尽早改变增长方式，变依赖于资源优势为依靠运营能力持续增长。创业者必须在企业还处于依托资源优势发展的时候，就有意识地培育、构建、组织团队协作精神，使营销网络有独特的运作体系和利润能力，培养企业内部的制约机制，转换的物资流、资金流、信息流的管理能力。这样做的好处就是使外在的资源优势转化为内在的适应于市场需求的竞争优势，将暂时性的资源比较竞争优势转化为内在的可持续发展的市场竞争优势，使企业在较长时期中保持较高的发展趋势。

然而在建构于运营能力基础之上的成长过程，也不能持久。又要求创业者必须在企业运营效益独步天下的时候，确定企业发展新的战略目标，推动改革，使企业向更高层次境界迈进。

项目运营本来进行得很好，2009 年，绿岛商城楼盘一期顺利建设、销售，取得了超常规的经营效益，可就在这个时候，国家大力推进农民工劳动工资制度新政，建筑工人的工资报酬、生活福利大幅度提高；而劳动态度调头向下，积极性和热情程度减少，大大降低劳动生产率，影响工程施工进度。

显然，工期加长，工资总额在增加，影响到了工程的成本造价，经营效益也大受影响。加上 2011–2012 年史上最严厉的房地产市场调控政策打击，致使“海燕·绿岛商城”项目遭受严重影响，建设时间整整推迟了一年，经济指标也大量缩水。好在行动方向标明确，才不至于伤筋动骨，创业前途还是有重要进展。

第三阶段，创新成长模式，在可持续发展战略指导下的创造性劳动增加财富。原先计划在 2012 年完成，结果推迟了 1 年。这是一种前所未有的全新的增长模式，是在以价值创新精神为内核的思维方式指导下、在基于继续保持资源优势与运营优势的前提下、成功地对内外资源优势全面把握的基础上、利用互补产生积极的影响进行战略性调整、取舍，创新思维方式，重新构建创造财富高速增长的模式。这种全新的成功的成长模式会成为一种使企业永葆青春的最高境界。它的成功在于创造性地重新调整和优化营销流程，设计实现资源、运营、改革三个层面有机统一的高效率、高效益的成长模式。这是一种独享的独特的核心竞争力，达到了难以模仿和难以替代的最高境界。

我的实践证明，企业经营要实现成功，一定要设定行动方向标，所有机制、行动都为实现预定目标服务，经营企业才能不断发展，走向强盛。

创富锦囊

一个人如果只考虑今天，则不会有美好的明天。今天的优秀其实是昨天确定奋斗目标以及艰苦实践的结果。有方向，有目标，对发展未来有预见性，有行动计划，有具体措施和具体操作办法，又有正确的判断，才能实现目标。

十七、拟订盈利路线图

在企业的经营中，我们常有这样一种感觉：成功的人往往都是在“按部就班”地盈利，从某种程度上来说，他们的成功，是按照“路线图”不断前进的，那么企业的盈利路线是如何制订的呢？在不断前进的过程中需要掌握哪些方面的知识和技巧呢？

经过多年的商战打拼，我认定一点：拟订盈利路线图对经营事业非常重要，经营路线方针政策的正确与否决定营销的成败！市场是企业经营的载体，其间的活动必然是紧紧围绕竞争展开，所以市场文化的核心是竞争。企业运转，强调员工的向心力和凝聚力，而员工向心力和凝聚力的形成则是通过内部管理架构合作与外部环境和谐来实现。

市场、社会、企业三者关系环环相扣，相互制衡。这种关系体现在以下两个方面：

首先，市场经济体制竞争的本质决定了企业自诞生之日起就必须按照市场经济规律、规则，参与竞争，是市场那个“看不见的手”把握着企业的前途命运。

其次，市场是社会稳定的一个组成部分，有维护社会稳定的权利和义务；也有使之和谐相处，协调发展的责任。夹在市场和社会之间的企业，是参与竞争和维护稳定的一个分子，其内部结构包含着市场和社会的二重性，既要鼓励内部竞争，又要营造安定和谐的企业环境、氛围。企业与市场、社会三角维度中，如果市场、社会是载舟之水，企业是舟，那么经营利润是动力之源，只有企业盈利，三者之间才能协调发展。

企业经营者的高明之处表现在能否根据具体情况拟订盈利路线图，并且根据市场动态变化的特点、财务物资状态以及其他相关条件进行适应形势的调整，修正盈利路线图，才有可能不断地获取经营成效。

我先后开发经营“海燕·玉兰花园”和“海燕·绿岛商城”两个房地

产项目，都是事先拟订了盈利路线图。虽然都因为各种各样的原因对经营计划造成了严重影响，致使没有100%按照拟订盈利路线图实现预期的目标利润，但是由于事先拟订盈利路线图，根据市场变化、财务状态以及其他相关的实力条件，适时、适当进行了适应新形势的调整，还是克服了各种困难获取较为理想的经营成绩。

搞经营，办实业，绝不能凭热情，凭主观愿望，而是根据实际情况选择项目，确定方向，在正确的方针政策的指导下，把握规律性，在投入、产品、变现三个环节中算细账，拟订盈利路线图，务必抓紧抓实抓好，实现利润。在各个具体项目中，三个环节，周而复始，形成一个永不闭合的圆圈，创造的财富越来越多。现在我们来说说这三个环节：

第一个环节：投入，要充分利用资源进行创业。

资源其实是一种虚拟资本，资金财产是实体资本。资源资本包括三个方面：名誉信用、知识技术、社会关系。其中名誉信用最为重要，必须长期坚持、苦心积累，才能拥有，也只能积累不能透支，否则就会造成内伤，很难挽回。知识技术依靠不断学习，不断提高，不断创新升华为智慧和力量。社会关系包括与当地政府、各种社团和人际之间的良好关系。在企业创办的初始阶段，要重视虚拟资本，因为这是成本最低的资源，用虚拟资本创业，利润率最高。资源配置好了，会发挥巨大的作用；并且是越用越多，实现经济价值，能够事半功倍地推进事业发展。用活用好有限的资金，把资源优势配置适当的资金开展经营活动，能够实现超常规的经营效果。

第二个环节：产品，是组织生产产品（或是为客户提供服务）的过程。

如何看待“组织生产产品（或是为客户提供服务）”将决定“产品”或是“服务”的结果是成功或者是失败。要求在“组织生产产品（或是为客户提供服务）”的过程中，成本开支控制在合理的范围内，生产产品资金少，产生产品价格高，才能有盈利能力。要努力做到只要成功推出“产品”一次，之后就一而再、再而三地复制推销这种“产品”。重复卖出“产品”，节约成本，实现叠加利润。通过重复出售“产品”，获得丰厚利润！

第三个环节：变现，实现利税。

要认识“利润原理”：创业投资必须赚钱，如果价值不能实现则无法达到目的，资金无法回笼，工资、利息、租金、税费无法支付，就是投资失败。企业经营只有赚钱才能生存发展。在市场经济体制中，创业者一定要把“产品”成为商品，千方百计使之流通起来，在流通中实现盈利。

投入、产品、变现，实现利润，这就是企业经营创富的盈利路线图。企业依靠销售利润生存、发展，是销售好坏决定企业成功或者失败。营销工作就是要将产品形成商品，流通起来，变成了现金，增值增收，才能进行再投资，使企业发展壮大。

从2003年开始，到2012年，这10年时间里，我做了两个房地产开发经营项目，“玉兰花园”和“绿岛商城”。按照盈利路线图进行财务测算，确定了销售利润金额是平均每平方米约300元。最后，我用倒算法确定销售单价，取得了明显成效。

为了低价竞争的需要，我们在保证预算利润的前提下，要千方百计降低售价成本。为此，我们采取了三大措施：

首先是千方百计降低建筑造价，采取单包工的办法选择施工队进行建筑施工。这样做，建筑材料自己采购，既确保工程用料质量，又可以节省一大笔工程施工管理费用，从而较大幅度地降低了工程建筑造价。

其次，为了加快资金回笼速度，采取了投资建分期房的办法，按测算定价的6~8折让客户订购商品房期房。这样做，对客户来说，分到了价格相对便宜的朝向位置合心意的商品房，心情舒畅；对开发商，拉长了销售时间，减少了投资资金的财务费用，降低了销售压力，相得益彰，共同收益。

最后，在推销环节，大力挤压宣传广告费用。不投资建造为推销商品房专用的临时建设，不大量花费金钱做路牌广告，只在楼盘周边刷标示画公告楼盘的优势。这样做，大笔节省了广告宣传费用，减少了销售费用。

以上三项措施，大幅度节省了商品房营销成本。我们又采取了在确保利润的前提下把节下来的成本费用让利于客户的做法，使商品房“价廉物美”，既保证了销售利润又实现了“顾客满意”。

尽管“玉兰花园”和“绿岛商城”两个项目都由于各自的特殊原因没有实现拟订的利润指标，但我们还是很满足，认为这两个项目取得了空前的成功。其不在于赚了很多钱，而在于真正实现经济效益、社会效益、环境效益的三丰收。

在经济效益方面，所有投资者、开发商、建筑商得到理想的利润，所有购房者，包括商场购买者和购房住宅业主都得价廉物美、商业价值不断增加的房产实业。

在社会效益方面，两个楼盘上缴各种各样的税费累计接近一亿元人民币，创造上千个就业岗位，为社会和谐共赢作出了贡献。

在环境效益方面，玉兰花园在演达大道边上，高楼酒店与花园住宅融为一体，绿岛商城在惠城区心脏位置的惠州大道边上，组团式建群，高楼大厦，国际级的“麦德龙”商场设立在里面，商业行、酒店、KTV、餐饮、休闲设施，应有尽有，两个项目都为美化惠州城市添了浓墨重彩的一笔。

投入资本、重复产品、利润指标，是盈利路线图。依靠策划设计，依靠顺水推舟，扬帆前进。其中道理，只有少数人认识它，并创造出辉煌成就。所以，拥有辉煌事业的创业者总是少数。

创富锦囊

企业创富的盈利路线图就是投入资本、重复产品、利润指标，按照这三个步骤努力发展，依靠策划设计顺水推舟，扬帆前进，你的目标更容易实现。遗憾的是，其中的道理仅有少数人懂得，也正因为如此，成功的仅仅是这些少数人。了解路线图，实践路线图，你也可以成为成功者中的一员。

十八、预案应对不确定性

著名港商李嘉诚先生说：“经验是负债，学习是资产，过去曾经成功的经验，有可能是今天失败的原因。”对于这句话，你是如何理解的？在日常的企业创富过程中，你是如何规避失败风险的？

大家都知道多米诺骨牌效应：在一串骨牌中，如果推倒初始的一块，那么以后倒下的骨牌作用力，每一块都相当于前一块的1.5倍，第三十二块就会出现相当于纽约联合国总部大楼那么大。所以，只要推倒了第一块多米诺骨牌……第三十二块，这最后一块即使相当于纽约联合国总部大楼那么大，也会轰然倒塌。可见，组织崩溃有时只需要一个小小的力点，“千里之堤溃于蚁穴！”

同样的道理，在“蝴蝶效应”中存在。据说，密西西比河流域的蝴蝶统一扇动翅膀的时候，可能引发一场风暴；或者说可以导致一个月后德克萨斯州的一场龙卷风。这里说的“蝴蝶”指非线性系统中初始条件下微小的变化能够引起系统的连锁反应而后形成难以预料的结果。社会学家把线形扩展难以预测的未来比喻为“蝴蝶效应”。又有一说，在澳大利亚发现了黑天鹅以前，欧洲人确信天鹅都是白色的。学者又把具有稀有性、冲击性、事后（而不是事前）可预测性的事件称为“黑天鹅效应”。这里说的“黑天鹅”，它既不是线性效应也不是非线性效应，是不确定性产生的不可预测的重大事件。现代人借用“蝴蝶”和“黑天鹅”代指难以预测的未来。“蝴蝶效应”是指决定论效应，而“黑天鹅效应”是指非决定论效应。实际上，这些未知的重大事件的发生，也不单单是风险，它也有可能给某些人的事业带来大得不成比例的回报效益。具有这种风险意识决策做事，可以帮助你获得空前的成功。

在市场经济的汪洋大海里，不确定性太多，这种不确定性给企业创富带来的影响是不可估量的。正如第一块多米诺骨牌、蝴蝶翅膀的扇动一样，给企业带来的影响可能是“联合国总部大楼之大”、“德克萨斯州龙卷风之威力”！企业正似“纵一苇之所如，凌万倾之茫然”。面对五花八门的不确定性，要求企业必需有应变的准备，有预案应对，才能走向成熟。在身边，有多少风靡一时的知名企业，由于没有应对不确定性的意识和措施，一夜之间倾覆倒闭。2005年，一个非常要好的朋友承租了一栋3层小楼开办餐馆，找到我，希望我能投资合伙。他告诉我：预算总投资需要50万元人民币，现在已经筹备20万元人民币，要求我投资20万元人民币，缺少10万元人民币由拖欠货款的形式解决，各自占有股份权益50%。我们分析，投资双方都已经在社会经济中打拼了很长时间，有一定数量的人脉关系和很多朋友，开办餐馆，一定是顾客盈门，生意很好，盈利能力强，肯定可以赚大钱。

于是对这个项目积极推进，很快如愿以偿开业。可是经营结果正好与预期目标相反！原来的预期“人脉关系和很多朋友”可以帮助餐馆生意好，但由于我们把握不好，正是在这里出现了问题。开业的时候，我们宴请宾客，热热烈烈，开业以后，很多熟人都带朋友来就餐，可惜大部分都要求打大折扣；更有甚者，不少人要求赊账。“打大折扣”，还可以保本经营；“赊账”，其实有不少人是赖账的托辞！我和朋友都脸皮薄，初来都勉强将就，后来实在支持不住，只好撕破脸皮，不给“打大折扣”，也不给“赊账”。这样一来，得罪了很多熟人，攻击、诬蔑的语言满天飞……一下子，生意一落千丈。勉强捱了6个月，实在支持不住，只好关门大吉。结算下来，投资本金浪荡精光！

预案应对不确定性，我也有成功的实践经验，有实实在在的大收获。2008年的金融海啸，对于我们企业的影响完全是正面的，正是因为金融海啸，使很多人改变了认识，在选择商品上更为理性，使得我们企业更上了一层楼。我的应对措施是：在制定经营项目的大政方针的工作中，预备好“上、中、下”三个实施方案，从最坏的情况出发，争取最好的经营成果。在实施过程中，要设定一条失败的退路，随时都准备着后退的应急办法。

比如说海燕·绿岛商城项目，遭遇了最严峻的房地产市场调控的形势，2011—2012 年，长时间的“限购、限贷”政策环境中，中小房地产开发商面临着最严酷的考验。有的房地产公司受退房潮打击，有的被资金短缺困扰……

在房地产市场最红火的时候，制订了应对房地产严厉调控政策的预案。面对房地产开发的淡市形势，我们公司也出现了严重的债务危机。有人提议用“借新还旧”的办法解决债务问题。其实，在国家对房地产开发实行“限贷”的政策干预下，“借新还旧”已经不是化解风险的有效途径。这时候，面对危机需要摒弃投机与侥幸的价值理念，脚踏实地在控制成本，优化产品，改变资本结构，才能破茧重生。于是我们启动了应对预案，采用三种办法解决债务危机：一是把原先准备留下来作为自用的酒店二楼（餐饮业和歌舞厅）商业用房约 5500 平方米用较低的定价提前销售，可以获得 3000 多万元人民币的回笼资金。二是用大折扣率的方式降价促销，急速回款还债。三是用项目产权抵押的方式向员工亲戚朋友借款集资；三种办法同时推进。一段时间之后，这三种办法同时发挥作用，回笼大量资金，化解了债务危机。

有道是“细节决定成败”，现实生活中，我们常常可以看到，由于种种原因，一个方面的细节没有处理好，就形成致命伤，结果导致项目经营全局失败。规避风险，预备应变防范措施。著名港商李嘉诚先生说：“经验是负债，学习是资产，过去曾经成功的经验，有可能是今天失败的原因。”

可见，经营项目规避风险的理念是多么重要，对经营风险的防范又是多么不容易，真是要慎之又慎！在企业创富过程中，最常见的不确定性因素就是事故隐患，它给企业造成的损失也是最大的。防范事故风险的执行力表现在必须坚持执行操作规程，克服麻痹思想，不要有侥幸心理。“操作规程”是做好相关业务的经验总结，里面有严格的规避事故的规定。管理人员对自己负责的事和身处的组织有深度的体验和理解，尤其是在细节上有所了解，在事前做好了防御性的基础工作，就可以防范危机事故发生；即使发生也不至于造成严重后果，从而保证经营目标可以实现。

创富是一场追逐财富美梦的行为，是一个追求赚钱的事业。要实现“高利益”，其间必然充满挑战，危机四伏。到处都有“高难度、高风险”的赚钱“陷阱”。这种陷阱就是企业创富过程中出现的“不确定性”，使得企业前途未卜，难以把控。要想有好的结果，不仅仅是依靠个人奋斗，还有很多很多的因素促成。不管是主观过错还是客观环境条件的不默契配合，都有可能出现意想不到的结局。想要获得大成功，就必须制定预案以应对不确定性，趋利避害，做好准备，实现经营成果。

创富锦囊

商场风险种类多，有明显的，也有看不见的，有现实的，也有隐蔽的。投入商海，就像置身冰川峭壁，四周都是险恶的环境，一不小心就死无葬身之地。常见的风险就有政策变化风险、市场变化风险、融资渠道风险、安全事故风险、人员变动风险。要想规避这些风险，顺利创造财富，就必须在经营企业的过程中，有极高的防范不确定性的意识，才有可能成功。

十九、执行运作决定企业胜负

企业经营、项目运作是一项很难度很大的工作，了解流程并且给力执行，是获取效益的关键。理论很多人都懂，可是具体怎么执行呢？

影响企业成功运营的要素很多，而决定性的要素有三个：市场定位、组织员工、营销渠道。有效的执行需要领导者亲力亲为的系统工程，关心具体的运行细节。有的时候，“是细节决定成败”，重视构建执行文化，把跟进完成任务的观念贯穿于企业经营管理工作的方方面面，执行力需要跟进、检查、督促。

为了强化执行力，我为企业制定了口号，坚持会前颂读：“创造利润。执行任务没有借口，实现目标，共享快乐！”

为了打造企业的执行文化，我为公司制订了《企业文明建设纲要》，明确要求员工：敦行致远，坚忍不怠；“在其位，谋其政；司其职，有其果”。

做人“235”规范作为：

思考“2”性：

悟性——省悟情志，中庸厚道；

道性——以道立业，以德立身。

遵循“3”德：

家德——尊老爱幼，相亲和睦；

商德——货真价实，恪守承诺；

公德——共同空间，人道礼让。

常有“5”心：

忠心——精忠报国，正气人生；

爱心——友爱奉献，幸福康宁；

诚心——真诚实在，良师益友；

信心——自信自强，好学进取；

责任心——负责称职，争创业绩。

经营“505”合力目标：

依靠五种力量：“思想力”、“学习力”、“文化力”、“资本力”、“判断力”、“执行力”；

实现五项目标：“利润指标”、“环境和谐”、“社会效益”、“价廉物美”、“顾客满意”。

在经营运作中，我十分重视在市场定位、组织员工、营销渠道三个核心流程中构建执行力。具体可以从以下几个方面来理解：

第一，“执行”的底蕴是“责任”。

“责任心”是创业有成的起点，也是执行力的支撑。“责任心”植根于两个基点：一个是主动的事业基点，另一个是被动的压力基点。怎么来理解这句话呢？事业心强的人，为事业成功而奋斗不息，会自觉地产生极强的责任心；而在更多的时候是在为某种需要的被压迫下产生责任心，做工作是为完成任务。

作为个人，在职业生涯中，不管是自觉的还是被迫的，都必须通过制约机制的监督检查才能形成极强的组织执行力，职业生涯依靠组织执行力支撑促成实现人生阶段性的价值观目标；作为企业，依靠立章建制规范行为形成执行文化，可以使全体员工为实现经营目标而同心协力的企业价值观。责任心形成的组织执行力，能够更好地认识逆境和具有战胜逆境的意志和力量。经营团队执行力，是投资最少、最容易被轻视、最薄弱的环节；却又是决定经营胜负的最重要的、起关键性作用的环节。岗位组织架构明确责任，员工热爱本职工作，调动主观能动性，积极性，就能更好地“克敌制胜”。

第二，市场定位执行力。

经营项目的市场定位是营销战略，正确与否决定经营前途。踏实地对所处的宏观经济环境和行业发展前途的特点进行透彻地分析和研究，结合自身的资源和具体情况，制定切实可行的规划并认真执行。经营事业，就像一个木桶，由各个“板块”组成，这个木桶盛水量多少，是由最短的那块板子决定的，这就是企业经营的“木桶效应”。经营要有所成功，必须发现和补齐使之“漏水”的最短的那个业务板块，争取实现最好的经营结果。市场定位执行力是一项关系企业前途命运的大事，必须认真做好。否则，就会是失败的局面。

第三，营销渠道执行力。

营销过程，实质是构建经营流程、运作营销执行力实现利润的过程，依靠组织执行力、团队协作去实现目标。其间，运营流程设计、执行，最为重要，也最为困难。需要技能，需要艺术。就像毛主席说过的那样，部队要过河，目标明确，但是，如果不解决过河需要的桥（或者是船）的问题，过河就是一句空话。

经营目标明确，人员组织成形，能否实现目的，必须找寻到合适的经营方式、方法，一步一步推进。在这个过程中，总揽全程，进行有效的策划，整合优势资源，编制营销流程，以人员为轴心构建战略部署、战术安排和营销运行的执行力，要有指导性的提前量，及早进行设计，不能事到临头才急时“抱佛脚”。碰到不确性需要“拐大弯”难题的时候，也不要急忙踩刹车，拐急弯，而要“点刹车”，慢慢地缓下来，努力做到平稳。使投资、生产、销售、增值，形成永不闭合的圆周，财富雪球越滚越大。

创富锦囊

在企业创富的过程中，要提高“构建团队组织”、“市场定位”、“营销渠道”三大核心流程的执行力，“以人为本”，务必抓紧抓实抓好，经营活动才能顺利进行，才能实现盈利目标，否则，就很有可能遭遇失败。

二十、学习变通找窍门

对于成功者而言，再大的困难似乎都能解决，而对于失败者，哪怕是最小的障碍都很难跨越，为什么会出现这种截然相反的情况？原因在于前者善于学习、通过变通来寻找解决问题的办法，而后者只是硬碰硬，自然只有失败一条路。在企业创富过程中，你该如何学习，并寻找变通之道呢？

读小学的时候，班主任李老师跟我们讲“曹冲称象”的故事。他绘声绘色地说：曹冲是三国时代的大政治家曹操最小的儿子。聪明伶俐，很招人喜欢。他十岁那年，波斯人给送来一头大象。大家都没有见过这么大的动物，在猜测大象的重量。曹操问身边的大臣：“这个大家伙到底有多重？谁能答出来？”大臣们冥思苦想，不得其法，答不出来。有人说：“那里去找这么大的称来称呢？不称又怎么知道他有多重呢？”有人说：“要把他杀死了，分成小块来称才有结果，但是大象给杀死了，知道重量又有什么意义呢？”这可是把大臣们难住了。曹冲想了想说：“我有一个办法！”于是招呼大臣们把大象牵到河边。让士兵把大象赶到一条大船上，船身被压得下沉了，曹冲叫士兵们在船身与水面交界的地方划了一条横线，然后把大象赶回岸上。接下来曹冲指挥士兵们往船上搬石头，直到水又慢慢涨到划界线的地方，曹冲说：“现在，这些石头重量的总和，就是刚才大象的重量，我们只要把这些石头一块一块地称好，再加在一起，就知道大象有多重了！”曹操与大臣们都夸赞这个办法真好，真妙！

李老师讲完故事以后问大家一个问题：曹冲为什么能够秤量大象体重呢？

同学们都回答说曹冲聪明。李老师只是笑着，虽然没有摇头却也没有点头。后来，李老师点名要我回答。我不知如何回答是好，很窘。有一个同学代我回答说：“曹冲不是直接用秤称大象，而是找窍门，变化成用船秤，是一种智慧。”

李老师点了点头，笑了一笑，加重语气说：“世间万事万物都能求解。要善于思考，学会变化。变则通，找窍门，这就是聪明才智！”我心里想：学习变通找窍门，就是要取巧。学会取巧做事，可以事半功倍！

这件事给我的印象特别深刻，工作中会常常想起，得到很多启发，用变通的办法，帮助我屡屡渡过难关。回忆我的人生经历：从技术员、公务员、到企业家、作家，都有一定的业绩。总结其经验，无非就是学变通，找窍门，“取巧做事”。

2003年，我退休后为完善“烂尾楼”建设而继续进行房地产开发经营。其中“烂尾楼”的一个投资者是煤炭工业部西安设计研究院，共投入资金1750万元。我们想到用变通的办法解决问题。在法院主持下调解达成协议：应偿还西安煤炭设计研究院项目投资款本金返还1750万元。利息不再追偿。用部分现款加期房按市场价值偿还。现款：500万元，分二期支付；期房：在建商品房第2层楼商场，按销售单价6000元/M^2，面积2100平方米，市场销售价值为1260万元。A、B二项合计1760万元偿还债务。

依靠“变通”解决难题，使开发建设工程顺利进行。这是一个双赢的办法：作为债权人西安煤炭设计研究院回收了投资，避免了国有资产流失的风险责任；作为开发商投资者，减少了筹集资金的负担，面积2100平方米商场的建筑造价只要300万元，抵偿了1260万元的债务，实现了超常规的效益！

变通能力，看似简单，实则要想获得并不容易，他需要你不断地阅读、学习，在知识、能力上不断提高自己。人生前进的道路总是处于变化多端的环境条件，坎坷不平，学习力是最重要的也是最基本的进步推动力，学习知识的态度决定了个人的事业前途。企业家必须要努力地学习市场经济体制的法律知识，要认真贯彻执行市场经济体制下的法规政策，依法经营，依法治业。与此同时，还必须有过硬的本领，要自觉地、认真地在职场中传承中华民族的优良传统，修身养性。这样，才能在经商实践中做到“尽责逐鹿，过犹不及，知止不败”！

当然，知识的学习不是静止不动的，要结合实践，学以致用。在现实生活中，很多事情都是在运用知识解决实际问题。有时候是直观地解决，有时候就要变通，要用变换的办法，找到替代的事物。曹冲小小年纪，他的聪明智慧就表现在应用算术加法的简单道理，把不能分割的大象变通成等量的石块，结果出人意料，解决了大难题。这说明，一个人不能光有知识，更重要的是要善于应用知识解决实践问题。能够善于应用知识解决实践问题就是拥有智慧，拥有智慧才是促进成功的有力武器。

另外，要想利用知识来变通，获得企业创富的成功，还需要懂得想象。爱因斯坦曾经说过：“真正可贵的因素是直观，想象比知识更重要，因为知识是有限的，而想象却能涵盖整个世界。”自我开发智力潜能的“第六感觉”对成就事业极为重要。成功者拥有这种潜意识，敢于自我表现聪明才华，正是在这样一种成就事业的潜意识作用下，神奇地克服困难，把事业引向成功之路。

不确定性总在折磨失败者的人生，而成功者的过人之处在于他善于发现未来与过去的不同，掌握化腐朽为神奇的“第六感觉”（包括整体把握、直观透视、空间整合和快速判断）。心理学家认为，这种感觉属于直观创造性思维的范畴，是一个人做成事业的基本的素质之一。

创富锦囊

学习变通，寻找窍门，是方法论，是解决问题的决定因素；信心加本领产生窍门，是人生事业的根基，是成功者战无不胜的武器。一个人如果缺乏学习变通的能力，对外界环境持妥协、投降的态度，常常会导致性格的软弱和事业的不成功。道理很简单，但真正理解、将它付诸实施的人却少之又少，所以成功者并不多。

二十一、团队协作闯难关

企业创富之路，无论是目标的制定，还是各种战略的执行，都需要有人去做。这些人组成一个团队，他们之间的协作能力决定企业创富能力，更关系事业的成败。对于创业者来说，该如何组建、运营、维护自己的团队？

什么是创业路上过关斩将的制胜利器？是以人为本的团队协作精神，是员工为实现共同愿望的向心力。为了更好地说明这一点，我们以《西游记》为例。

《西游记》描写唐僧师徒的奋斗目标很简单，很明确：到西天取经。那么简单的一个目标却惊动了天上、地下、人间等各路神仙众多的力量胶着，正义与邪恶、愚昧与智慧、扭打较量。经过九九八十一难的折磨，艰苦卓绝的斗争，行程十万八千里。最后，正义战胜邪恶，智慧战胜愚昧，结果唐僧取得真经，他们师徒四人加上白龙马都修成正果。这是他们克服艰难困苦，拼尽全力为一个目标共同奋斗的结果；也是目标明确，各种支持力量方向一致取得的胜利。

唐僧取经的团队：师父、徒弟、白龙马总共5个。他们之间分工各不同，但定位准确，各司其职，尽责尽力。唐僧名为“师父”，实际上没有什么本领。讲法力高强，神通广大，孙悟空是第一，猪八戒数第二……唐僧的技能在他们四位之中是倒数第一。大家都臣服唐僧领导，是因为唐僧的行为体现着目标、旗帜、方向；也体现着道德、文明、威严。唐僧的职业定位就是领导者，只要有领导之术，明白统率之道，奖惩分明，就能够促进实现目标。

孙悟空法力高强，神通广大。他的职业定位就是战将，是开路先锋。他的职业需要他本领高强，识大体、通机变，锋芒毕露，斩尽杀绝拦路的妖魔鬼怪，才能实现保护唐僧去西天取经的目标。

猪八戒法力一般，神通马马虎虎，他在团队中的定位就是助理，是主要角色的帮手。他的职业需要憨厚、诚实的性格，他只需要有一般的能力，能够起到助手的作用就是完成任务。如果他也是本领高强，则会喧宾夺主，结果是成事不足，败事有余。

沙和尚的定位就是挑夫、勤杂。他的职业需要厚道、肯干，不需要有过人之神通，只要有一般的能力就足以胜任岗位责职；老老实实做人做事，就可以完成任务。至于白龙马，他的职业就是驮人代步。

唐僧取经，依靠“以人为本”形成的团队协作精神和利益关系共同体，为实现共同愿望的向心力，最终取得事业的圆满成功。

企业参与市场竞争也如唐僧取经一样，优势在于经营团队的目标明确和团结协作。参与市场竞争难于替代的资源有两种，一是生产要素的硬实力，如土地、资金、社区环境；另一种是软实力，如技术、人才、人脉、企业文化等。企业硬件资源都是确定的、有限的；而软件资源却是不确定的、有巨大的潜力可以挖掘。比如说，企业内部的人力资源。

有调查研究的结果表明，一般来说，企业中的人力资源还有70%没有得到挖掘使用；优秀企业的人力资源效能使用率也只达到50%。且不去评论这样的调查结果是否正确，企业中有很多人才还没有充分发挥优势技能、专长，却是有目共睹的事实。

在市场经济的条件下，任何稀缺的可动性的硬件资源都可以用钱买来；而软实力（比如企业文化、品牌形象之类）却是难以用金钱买来的。要靠经营队伍，不断地挖掘，不断地建设。所以，吸纳优秀的经营人才是企业最宝贵的资源，是他们决定企业的前途命运。把优秀的经营人才选择整合好，组织成团队形成坚强的凝聚力，使用好硬件设备，实现“资源富集”效应，企业经营就可以获得成功。

市场经济对企业只有一个法则：团结协作的团队要和唐僧取经的团体那样，任何难关险阻都能渡过，最终取得经营盈利的结果。在经营团队中，有唐僧那样的带路人最为重要。他们善于使用企业资本，富集资本，回报率高。这里的“企业资本”包括人力、物力、钱财三个部分。对于任何一个企业，资本总是有限的，要扩大生产必须进行有效的“集资”，用经营效益给予投资者回报。资本与成本相关联，在所有资本中，人才是最重要的“资本”，人力也是最难以把握的“成本”。

对企业来说，人力资源充分发挥效能，就是企业最有价值的“资本”；人力不能发挥效能，会成为企业最昂贵的“成本”。如果人力资源用不好，会造成大量资金成本的浪费，甚至有可能给企业带来灭顶之灾。所以，企业创富者要及早采取防范措施，防止人力资源的流失给企业带来巨大的损失。

除了利用好企业现有的人才之外，创富者还应该选用有专长有技术的人才。企业真正强大的力量是拥有先进技术、资本、人才的有效结合。有人认为，有了资本就可以买来技术，可以收买技术人员，这是片面的，错误的。技术永远不会是资本的奴隶而是资本的主人。在企业生存竞争的发展过程中，“先进技术”居于支配地位，这已经是普遍存在的无须争议的事实。必须特别强调，对于企业拥有“先进技术”的理解不能只是狭隘地指先进的自然科学技术和生产应用技术，更应该强调拥有先进的社会科学知识和经营管理艺术，比如说建立健全先进的现代企业制度等等。“先进技术”是企业生存、发展最重要的支持力量，学习应用经营管理艺术可以收到立竿见影的效果。这是一种投资少见效快的办法，应该引起企业经营者的重视。企业管理艺术、技巧只能在实践中学习、把握。企业团队一旦形成强烈的学习氛围，就会充分发挥作用，激活创新能力，形成勤奋向上的文化氛围，积极进取，披荆斩棘，克险阻，越雄关，所向披靡，前进再前进。

创富锦囊

团队不仅强调个人的工作成果，更强调团队的整体业绩。团队所依靠的不仅是集体讨论和决策以及信息共享和标准强化，它强调通过成员的共同贡献，能够得到实实在在的集体成果，这个集体成果超过成员个人业绩的总和，即团队大于各部分之和。

二十二、管理与决策出高效率

有人问：创业者经营企业，为了赚钱，首要的工作应该做什么？我会回答说：是做决策、做管理。做决策，规划、推进，设定目标利润；做管理，执行方案，实施计划，实现目标，提高效率。那么管理与决策是什么关系呢？该如何做好管理与决策呢？

什么是管理？管理就是为实现预定目标而组织和使用人力、物力、财力执行的过程，是一种定性的规范行为。管理和决策之间的关系是什么样的？对此，诺贝尔奖获得者赫伯特·西蒙有这样的定义：管理就是决策，管理过程就是不断的决策过程，成功是管理过程中无数正确决策的点连续成一条线，一个最终结果。

同样的管理体制，不同类型的管理者在具体操作方法上不尽相同。不可重复性和不确定性，决定了管理行为在科学规律的基础上更多地表现出艺术性，所以说管理工作是一种艺术性很强的工作，其中分为组织管理、企业经营管理等几个部分。

组织管理以提高效率实现经营目标为目的，促成企业全体成员积极参与，努力为实现目标贡献自己的力量。

企业经营管理把目标具体化为工作任务，规定一定时间内完成，制订成经营计划，层层分解，确定各职能部门经济效益指标、经济核算办法以及实施方案、步骤；还要根据责、权、利相结合的原则，制订奖惩措施，以保证高效率。

过去认为管理的职能就是控制，基本原则就是要提供一个框架，制订规则，坚持执行，解决问题，实现成功。现在的观念认为管理是决策，是一种行为艺术，是一种手段的两个侧面：行为规范强调章法，中规矩，成方圆；管理艺术侧重激励，仁爱之心，“奖一劝百”。管理艺术借科学规范之力量，保证工作效率。在企业经营管理工作中，运用科学的管理方法，做到人尽其才，物尽其用，财尽其能，企业兴旺发达。

在经营管理工作中，我深刻意识到管理需要艺术性，也尽力往这方面加强、完善。尤其在充分发挥人的主观能动性方面，更是如此。在管理中，我重视人的因素，重视科学分工，协调合作，发掘人的潜能，把岗位工作做好。在制定员工岗位上，做到目标责任制，明确企业成员各自的职责、权限、利益，启发、调动、激励企业全体成员的自觉性、积极性和创造性，强调工作效率和成果。通过严格考核，促进高效率，实现经营成果。在经营企业过程中，我突出两项管理创新，一是管理理念创新，改变管理的职能观念，即把“控制”变为“服务”，上下级之间形成服务体系和服务机制可以得到更好的效果。二是组织模式的创新，改革管理机构系统成为学习型组织系统。学习、学习、再学习，依靠学习，走出困惑。是学习使企业管理逐步放弃各种低层次的竞争手段，而努力提高整体素质，增强员工的向心力、凝聚力，实现可持续发展，实现超常规的经营效果。

企业管理的实践经验告诉我：把握市场信息和拥有管理艺术是关系到企业能否存在和发展的两根支柱，是驱动企业经济高速增长的两个车轮子。把这两件事情做好了，企业经营才能取得丰硕成果。

2011 年，我的房地产项目绿岛商城楼盘的商城主楼开工以后，一直苦于招商经营无门，内心焦急万分。这栋楼的建筑面积很大，一层楼有 6000 多平方米，不是大商家吃不下，没有名望的商家，我们又不放心。正在焦虑无比的时候，一个偶然的机缘，说是德国第一大商贸品牌“麦德龙”要进驻惠州开分店。我们抓住这个信息，派出专人，联系对接，从 2011 年 3 月开始洽谈，来来去去，经历了半年时间，2011 年 8 月，才勉强把租赁合同签订完毕。签订合同到 2012 年 5 月交楼装修，再到 2012 年 10 月开业。

从获取市场信息到磕磕撞撞完成开业前的各项繁杂的工作，历时足足一年半。期间经历了房地产市场从热到冷，到谷底，到点点回暖的全过程，有无数个不确定性冲击这个项目，每次冲击都有可能带来致命打击。好在我们细心应对，总算克服了千难万险，到达了胜利的彼岸！

这个过程充分说明企业经营管理时获得市场信息的重要性，更说明确定目标以后，为实现目标而进行的管理过程更重要。有道是：魔鬼躲藏在细节之中，处理不好，会发生千里长堤溃于蚁穴的恶果。可见，管理工作对实现经营目标是何等重要！

所谓管理艺术在某种程度上就是一种御人之术。中国古代管理御人之术结晶体现在两句话：孔子的“中庸之道”和老子的“无为之治”。“中庸”绝不是两端折衷取其中，而是掌握分寸恰到好处；“无为”也绝不是无所作为，而是没有违反规律性的作为。他们认为：高明的管理者不会好大喜功。老子曰：“太上，不知有之；其次，亲而誉之；其次，畏之；其次，侮之。”用现代语言来解释就是管理者的水平分有四个等级：最高的，让被管理者只感到他的影子存在；二等的，让被管理者亲近他、赞美他；三等的，让被管理者畏惧他；最糟糕的，让被管理者瞧不起他。中国古代管理学说告诉我们：遵循自然变化规律、遵循时代进化规律、遵循市场经济规律的有所作为，是现代文明需要的管理艺术。

在现场管理工作中，有许许多多关系个人情感的行为方式，拥有管理艺术，就是通过企业内部组织协调，使全体成员有一个共同目标：生产市场所需的有竞争力的产品，并从中获取盈利。好的管理者有美好的管理行为艺术，能够适应各种变化，带领团队快速地实现经营目标，创造性地实现高利润。

当今时代，信息网络化等高新技术，正在改变着人们的思维方式、生活方式和生产方式，市场信息已渗透到方方面面。企业是经济实体，是一个组织有序的系统，生产经营是一个复杂的过程，必须有“强制加艺术”的管理体制，确保企业正常进行经营运作。

创富锦囊

决策关系到企业的生存与发展。是企业管理活动的主要内容，贯穿于企业管理的全过程。每个企业领导人都必须正确把握市场经济发展的客观规律，抓住机遇，科学、及时、准确地进行决策，以保证企业在正确决策的指导下沿着市场经济的轨道持续健康发展。

二十三、立章建制定江山

创业成功与否，往往被运营细节搞乱，能否克服运营细节的差错，依靠行之有效的管理体制，依赖于立章建制，落实工作任务、效率。那么对于创业者来说，该如何为企业立章建制，立章建制时要注意哪些问题、技巧？

《孙子兵法》云："令之以文，行之以武，令素行以教其民，则民服；令不以素行以教其民，则民不服。令素行者，与众相得也。"翻译成现代汉语，就是这样说：行军打仗，必须用严格的军事法令来管教士兵，使士兵养成良好的遵纪守法的作风，否则，军队就不能树立起遵纪法守的作风，就不能做到令行禁止。将帅、士兵的关系相得一体则能战、能攻。从这段话当中就可以看出"规则"对于成功的重要性。

当然，制定规则并不等于规则已经得到执行，对于企业创富者来说，要想获得成功，一是要制定合理的规则，二是要确保让规则得到执行，产生效果。从企业经营的角度来说，两个方面同等重要。正如我们常说的那样，让整个社会"有法可依，有法必依"。唯有如此，社会的和谐才能成为现实。

在"执行规则"上，同样有一个故事值得大家谨记。据《史记》记载，春秋时代，孙子以兵法进见吴王。吴王问："你的十三篇，我都看过了，可以小试一下指挥队伍吗?"孙子答："可以。"吴王又问："可以用妇女来试吗?"孙子答："可以。"于是吴王派出宫中美女一百八十人让孙子试验。孙子把宫女分成两队，命吴王宠爱的妃子二人为两队的队长，并令所有的人都拿着戟。

孙子问："你们知道你们的心、背和左右手吗?"宫女们答："知道。"。孙子说："向前，就看心所对方向；向左，看左手方向；向右，看右手方向；向后，就看背的方向。"宫女们答："是。"约好了记号，规定了动作后，孙子宣布“军法”并且“三令五申”，然后击鼓发令向右，宫女们却嘻嘻哈哈。孙子说：“规定不明确，约令不熟悉，这是将帅的罪过。”他再次三令五申，击鼓发令向左，宫女们仍然哄笑。孙子又说：“既然已再三说明了，仍然不执行命令，那就是下级士官的罪过了。”于是下令斩左、右队长。

吴王从台上看见要杀自己的爱妃，大为惊骇，忙派人传下命令：“我已经知道将军善于用兵了。我没有这两个爱妃连饭也吃不下，希望不要杀她们。”孙子说：“我既然已受命为将，将在外，君命有所不受。”便杀了两个队长示众，命令另外两名为队长，重新击鼓发令。宫女们左右前后跪起，一切行为都合乎规章，服从命令、听从指挥，按照规定和要求进行，没有敢出声和违命的。

孙子把队伍训练整齐，派人向吴王报告说：“队伍已训练整齐听命，大王可以来看看，任凭大王想怎样使用，虽赴汤蹈火也可以。”

这个发生在2000多年前的故事生动地说明了这么一个问题：做事依靠管理，有效管理必须依照法则办事。决策、执行，奖惩分明，才能实现成功。正如我们常说的，没有规矩不成方圆。国有国法，家有家规，无法无规，则国不成国，家不成家。

立章建制规范行为，借力于组织机构和通讯工具指挥治众，是管理目标的最基本的有效措施。作为经济实体的企业，如果没有一定的章法去规范行为，则不能统一职工的行动，经营目标就无法实现。在国家体制、法规、方针、政策的轨道下制定企业的章法，借力于法令、规章、制度，规范作为，是治业的最有效办法。

立章建制的威力是一种控制力。管理者和被管理者共同受规范、法令、规章、制度的控制。我在经营企业的时候，总是第一时间制定《章程》、《工作条例》、《财务管理办法》、《岗位责任制管理办法》、《合理化建议鼓励办法》、《职工守则》等六个规章制度，作为企业的“军法”，经过职工大会反复讨论后，表决通过，每年修改一次。公司用这些章法规范职员的行为，每月召开一次职工大会，每周召开一次业务骨干办公会议。企业经营活动，按一定的规矩运行。即使一些成员对某些控制措施和监督制约难于接受，闹矛盾，由于有形成文字的章法可查对，有争议的事情便很快得以解决，不管看法如何，一律按规定办事。这样，岗位职责分明，办事准则清楚，企业管理透明，增进了企业的凝聚力，提高了向心力，促进了企业效益的提高。

我经历过这么一件事：在一个项目中，发生了严重的质量安全事故，直接经济损失近10万元。分析事故原因后认定主管工程技术的负责人应该负主要责任，按规定应给予行政处分和经济处罚。但是他不服气，跳起来说："跟你那么多年，没有功劳有苦劳。如果因为这样的事要追究责任，就要去告状，大家都不得安宁。"有人劝我说："反正不是人员伤亡事故，造成经济损失当花钱买平安，宽松一点，求得和气。"我觉得，这是关系如何对待企业章法的大事，绝不能由于阻力而退让，必须坚决按章办事。最终我采取了严肃认真的态度，查对有关工程管理制度，按规定给予当事人恰当的处罚。在制度面前，人人平等，他心服口服，接受了处罚。这件事的处理过程，教育了员工，进一步严明了纪律，提高了对执行规章制度的认识，促进了团结，使经营管理工作更有条不紊。

我认为，领导者的精力、能力是有限的。只有借助于规章制度的约束力使全体员工步调一致，使复杂的管理工作有法可依，有规可循，才能保证管理工作的连续性、严肃性、有效性。这样领导者才能超脱繁琐复杂的日常工作，不用事必躬亲，而这样做，通过规章制度进行的有效的监督管理系统，可以委托其他人按例办事，按章处理，领导者便可把有限的精力用于运筹决策之上，使企业内部有条不紊地进行各项工作，使企业经营机制更好地为经营高效率服务。

企业章法还包括执行过程中产生的各种决议。它是企业经营者为实现经营目标，按照一定的意志、利益，根据客观实际，为有效地组织生产经营活动而确定的权威性文件。它体现了生产责任、技术责任和经济责任的统一，既有定性要求，也有定量要求，是企业成员的行为准则，是正确处理和协调各职能部门工作的标尺。如果没有它，必然会产生分工不清、职责不明、扯皮推诿的现象，经营决策的实现便也无从谈起。

那么，在制定和执行企业章法的时候，应该注意哪些问题呢？

一、必须从企业的实际情况出发，不能滥设，也不能照搬硬套。要结合自己企业的具体情况来建立和健全。

二、要明确指导思想，制定章法是为了实施，是为了规范行为，搞好企业的经营活动，保证实现企业的经营目标。

三、必须形成有文字的规范性文件，实行过程中有争议的时候才能有依据，保证行为规则。

四、必须简单明了，只有企业全体成员都明白了解，自觉执行，有群众性，才能充分发挥章法的威慑作用。

五、在实施过程中，必须坚持“有法必依，执法必严，违法必究”的原则，处罚要不避“将帅”，这样才能“令出必行，有禁必止”，维护章法的权威性。

六、要力避口语传达章法，必须形成文字依据，规定解释权限，用口语传达，往往容易出现偏差，有无意识错解的，也有有意歪曲的。

当然，企业章法制定以后，执行起来可能会发生一些问题，会有偏差，产生消极影响。如何对待呢?我的做法是：

一、对有偏差的规章制度和各种决议，采取实事求是的态度，及时地进行修正。但是，绝不因有偏差而不执行，在更改以前，坚决执行，以保证企业章法的权威性。

二、主动承担过错责任，绝不文过饰非，把错误推给别人。正视工作失误，及时检讨自己，取得群众谅解和支持。

三、对有偏差的章法，冷静分析过错程度，采取适当的办法加以改正。有重大偏差的要及时更正，无关大局的等到修订的时候再加以改正。事实上，任何规章制度第一次制定都有局限性，难免偏颇。经过一段时间的执行以后，加以修改，才能逐渐完善，更切合实际。修订企业章法也按一定的程序进行，不能说改就改。经过职工大会讨论进行修改，才具有权威性，更完善，更具约束力。

创富锦囊

企业机构有一定的组织原则去监督管治，管理系统才能发挥优势。在企业管理中，只有借助于规章制度的约束力，才能使全体员工步调一致，使复杂的管理工作有法可依，有规可循，才能保证管理工作的连续性、严肃性、有效性。

二十四、修炼慧眼用贤能

经营之神马云曾经说过一句话：21世纪什么最贵？人才。一个企业的人才平均能力决定着发展的速度和潜力，作为企业创富者，在不断寻找机会、投资的同时，要把更多的精力放在对人才的寻找、利用上。那么该如何寻找、利用呢？在这个过程中该注意哪些问题呢？

战国时期，有一次魏惠王和齐威王一道打猎，谈到国家的事。惠王问齐威王："齐国有国宝吗?"威王回答："没有。"惠王说："我们魏国虽小，尚有直径一寸、能前后照耀十二辆车的大珠十颗，怎么齐国这样的大国竟没有宝?"威王说："我衡量宝物的标准与大王不一样。我有一名官吏叫檀子，让他镇守南城，楚国因此不敢来犯，泗水北面十二个诸侯都来我国朝贺；我有一名官吏叫肦子，让他守高塘，赵国人因此不敢来河东打渔；我有一名官吏叫黔夫，让他守徐州，燕国人因此在北门祀神，赵国人在西门祀神，搬迁到我们齐国的就有七千多户；我有一名官吏叫种首，让他防范盗贼，全国路不拾遗。这四名官吏光照千里，岂止照耀十二辆车!"惠王听了羞愧不已。这段对话充分展示了齐威王以人才为宝的战略眼光。后来齐国果然国强称霸，威震中原，为魏国所望尘莫及。

"千军易得，一将难求。"商场如战场，如果在人才方面出现缺失的情况，企业的发展创富就可能遭遇重重阻碍，难以为继。

我三次白手起家创办公司，为什么能发展得那么快？那么好？其中很重要的一点就是在企业经营管理过程中，重用人才，任贤用能。把忠诚、合作、懂报恩、爱国作为选拔任用的基本条件；看重智慧竞争和艰苦奋斗的生活作风。我相信，心里"有求贤若渴的欲望，人才才会源源不断地涌现出来"。我创办公司以"训练和职业发展"七个字为方针，不遗余力地培养、训练忠诚于本企业的人才。利用每周一次的例会，对员工进行培训，使他们不断提高素质，获得搏击市场经济的各项专业智慧，成为营销管理等各个方面的专业人才、公司的人力支柱，为促进公司的健康发展作出了突出的贡献。

在企业经营过程中，如何选拔任用人才？我的做法是强迫自己修炼慧眼，通过各种活动从中发现人才，选拔任用。我明白，人才是在实际工作过程中，被培养、被提高，被激励，从而增长本领、提高素质。

实践经验证明：用人包括使用和信任两个方面。要敢于使用人才，更要敢于信任人才。“用人不疑，疑人不用”。领导者对下属的指挥常有三种毛病：一是不敢相信下属有能力把工作做好而自觉或不自觉地包办下属的工作；二是不了解下属的工作而干预下属的工作；三是不懂某方面的知识、权谋，却去干涉下属的指挥。这三种毛病都在于对下属工作缺乏必要的信任。事实上，有信任才会有动力，放手让下面干，即使冒点险，出点错，只当交学费，但培养出来的经商人才、实践经验却是不可多得的。有的企业管理者，不给经办人员具体实权，事事请示汇报，使具体经办人员束手束脚，难以放开手脚去干。因此，作为企业的领导者，应正确处理好集权和分权的关系，要敢于授权、分权。经营目标确立之后，要把实施的权力逐层分配下去，各级负责人分别负担不同的责权。这样充分发挥下属的主动性和积极性，经营目标的实现才有保证。

在使用、留住人才方面的做法是采用公平公正激励措施。要做到公平公正，必须包括奖励和处罚两个方面。具体措施如下：

一、通过“奖绩效”“明处罚”进行。在企业经营管理过程中，只对在生产经营活动中作出贡献的人给予奖励，对那些懒惰违纪者给予适当的处罚。做到奖罚分明，鼓励先进，鞭策落后。

二、防止“偏赏”，不让“无功者受禄”，不搞“老天下雨人人有份”的大锅饭，达到“劝一未得者使之自勉”的目的。“奖绩效”是根据员工的工作业绩效果给予嘉奖，给予利益又给予爱心。

三、名誉上给予表彰、表扬，提拔职务、提升职称；经济上给予实惠，发给奖金、加薪。这样做，落实一个理念：“授之以鱼，饱其一日；授之以渔，方可饱其终生。”这是双赢的奖励办法：企业和员工都可以获得长期效益。

四、“明处罚”，是根据经营项目的实际情况，明确员工没有完成岗位职责的处罚办法，对违反规章制度者给予名誉上的处罚，批评、记过、除名；对造成经济损失者，给予一定比例赔偿经济损失的处罚。使不良分子警惕，企业管理才能有权威，才能令行禁止。“奖绩效”“明处罚”体现“以人为本”的理念，能更好地凝聚人才，促进实现经营管理目标。

创富锦囊

企业管理界有句话说得好：在老板的身边，不是缺少人才，而是老板缺少发现人才的眼睛和能力。这句话明确告诉人们，企业成败与否，不在于你身边人的素质如何，只要你能够认识他们的优势并加以利用，企业的创富经营将有一个质的飞跃。

二十五、培养强化凝聚力与向心力

企业之间的竞争是人才的竞争，是人才的凝聚力和向心力的竞争。培养和造就企业凝聚力、向心力，是企业立于不败之地的根本保证，人才培养难，流失却十分容易。面对此问题，企业创富者该怎么办？

实践经验证明：企业之间的竞争是人才的竞争，是人才的凝聚力和向心力的竞争。可残酷的事实往往就在眼前：人才的跳槽是频繁的，获得难，失去易。这期间，往往形成一个人才的真空环境，让企业蒙受损失。怎么办？马克思曾经说过“人们所奋斗所争取的一切，都同他们的利益有关”（《马克思恩格斯全集》第一卷第82页），人的行为动机、动力和利益是密切相关的，利益连接着动机，动机和利益一致就产生动力。只有当人才合理的物质利益愿望得到基本满足后，才能安心工作，积极性才能得到充分发挥。

离职是一种背叛行为，但没有理由，人才不会无故背叛。究其原因，通常是由“钱”和“感情”这两样所决定。要知道，大多数情况下，人才不会跟着老板走，只会跟着“钱”和“感情”走。留住人才，最重要的办法也是解决“钱”和“感情”这两个问题。从心理学的角度看，人有两大基本需求：一种是现实需求，另一种是情感需求。人才为什么会跟着（创业者）老板干，就是因为老板能够基本满足人才的两大需求，满足得越好，人才的忠诚度就越高。

那么，我是如何做好工作满足人才这两大需求呢？

首先，用“钱”激励。

利用比较合理的分配机制努力提高人才的福利，增加人才满意度。有道是：“有钱，收买多少人心，就能让多少人为你操心，你就会收获得到多少财富！”尽管这句话说得有点绝对，但有一点是肯定的：薪酬的合理分配是保证人才忠诚度一个重要的途径。你要人才为你操心做事，成功或者失败一定与人才的收益相关！所以较好的分配制度才能让不同层次的人才感觉满足，为你出力。

自利和利他都是人的本性，自利则生，没有自利，人就失去了生存的基本驱动力。利他则久，所谓得道多助，就是这个道理。没有利他，人生和事业就会失去平衡并最终导致失败。人才，首先是有各种需求的人，所关心的事物永远都是与自己生存息息相关的利害得失。创业者要想成就事业，必须要有“利他之心”。不是你有多少本事能利用多少人，而是你有能力给多少人带来利益。所谓创业者胸怀宽广，就是能够在创业获得利益中拿出较多的利益来跟大家分享！拿出来越多，胸怀越宽广，越能成就大事业。如果胸怀狭窄，斤斤计较，必然无法成就大业。

其次，投入“感情”。

给人才以爱，获得回报是“忠贞”！“愿景”的“愿”字上面是个原，下面有“心”，可以这样解释：“原来这是我的心。”再看“景”字。有三种解释，一是名词，日光；二是动词，仰慕；三是形容词，大的。美丽的“愿景”合起来就是：“原来这是我的心，是我内心深处的一种愿望，散发出令人仰慕的巨大光芒让人感觉美丽！”

在无法满足人才现实需求的时候，描绘塑造未来的价值并让人才体验得到，看得见，摸不着；让人才对前途充满信心，给人才一份美好的希望。能让人才死心踏地留下来跟你干的关键，是你能够给予他希望，给予他梦想。这个世界就是这么变幻莫测，永远都会给人以希望、梦想。有希望，有梦想，才有现实！

创富锦囊

“凝聚力”和“向心力”反映并决定着企业团队的和谐，没有团结的集体，任何企业都只能是一盘散沙，各自为政只能使“发展”越来越远，正所谓“众人划桨开大船”，唯有大家劲往一个地方使，船才能开得快。所以“凝聚力”和“向心力”对一个企业而言是生命、是力量、是信心、是创造。这一点的培养与打造，除了要有先进的企业文化、管理理念，还要创业者有强烈的意识和不断的行动。

二十六、换位思考得双利共赢

企业经营、营销是一个各自为利益而战的过程，在这个过程中，如何做到“双利共赢”是不少企业创富人一直都在考虑的事情，他们非常明白一点：唯有“双利共赢”才能将生意长久地做下去，企业才能更快、更大步地发展。那么究竟该如何做到“双利共赢”？其中的技巧是什么呢？

2005 年，我们公司通过拍卖获得了一块由法院执行拍卖偿还债务的“烂尾楼”建设用地，共 1.5 万平方米。清场的时候，发现用地中间的一栋小楼，住着一户看守“烂尾楼”工地的工人。他告诉我们从 1993 年算起，至今整整 12 年，没有领到债务人的工资。按每月平均 1000 元计算，总金额达到 15 万元。他要求我们在开工之前，优先偿还他的工资欠款，否则，不搬走，不准拆，施工将受到阻扰！

遇到这样的问题，法院执行庭的法官一时也不知道该如何解决，因为在原先的债务预算中，并没有这一项费用开支，而所有债权人都不肯退让，他们认为自己没有责任或者义务来偿还这 15 万元的工资。实施情况是：如果不拿出钱来支付看守“烂尾楼”工地工人的工资，场地就无法清理，施工会受到延期的影响。

无奈之下，法官准备采取强制清拆的法律手段。对此，“留守工人”在那里住着，就是不走。还放出狠话说：“如果动用法警强拆，就要拼命……”关系一下子进入剑拔弩张的紧张氛围之中，似乎很难进行解决。

我想，解决“留守工人”问题，最好是多花一点钱，“大事化小，小事化了”。用换位思考的方式，设想他一家人的处境，觉得他们的要求并不过分。于是我主动找“留守工人”，告诉他这 15 万元的额外赔偿费用由我们公司承担，现金支付给他。对于这样的结果，他自然乐意接受，问题很快得到了解决，顺利完成了建设用地清场拆迁工作，实现法律效果、政治效果和社会效果的和谐统一。吃小亏，占大便宜。如果钻法律的牛角尖，斤斤计较，按法规程序办理，会两败俱伤。现在，双利双赢，多好！

后来，“留守工人”感激我们，把“烂尾楼”建设初期投资购买的供电、供水设备以及储油罐等一批物资，移交给我们使用。“留守工人”告诉我们说：“这些机械设备，原本打算拿去废品店，当烂铜烂铁卖了。现在送给你们，也算是一报答！”有了他提供的方便，使我们在施工建设中，减少了一大笔费用。细算账，我们是不亏还赚，皆大欢喜。很快，烂尾楼开始施工建设。

这个事件充分说明一点：人与人之间是因为利益驱动而产生矛盾，这种矛盾并不是无法解决的。面对矛盾，采取换位思考的行为方式，必然可以找到比较好的解决方案，实现双赢。同时，通过这件事也使我悟到一点：从某种意义上说，管理是处理人与人之间利害关系的工作。对此，孟子曾经说过：“天时不如地利，地利不如人和。”

现代商业伦理要求经营者必须具有“换位思考”利益共享的思维方式，“和谐共赢”的行为规范提升商业价值。在优先考虑企业生存和应尽社会责任的同时，要侧重提高企业的经济效益；要注重员工福利，要做好服务顾客提高满意程度的工作，努力促进社会稳定为社会发展贡献力量。这样，必然会对股东权益，对供应链的利润有所影响。所以，高社会效益不能只是口号，而是很难选择的实际行动，是企业真金白银的付出，是奉献精神的真实行为。因此，企业经营者在其经营管理过程中，必须通过“换位思考，和谐共赢”的思维方式和行为规范，使企业内部实现团结，是企业经营的战略定位和战术方针，是实现经营目标不可缺少的重要手段。

同时，企业要步上新台阶，需要有较好的企业形象。“换位思考，和谐共赢”的思维方式和行为规范，对于塑造美好的企业形象具有重要的作用。所谓企业形象是指企业引起人们联想和回忆的具体形状、名称、面貌或商品的特征等。正所谓“物有造型人有名，花有清香月有影”。在激烈的市场竞争中，提高企业的知名度，着力塑造企业的形象是十分重要的。只有塑造出特定的企业形象，并通过各种公关活动和手段让这些特定的形象长期重复地出现在消费者面前，渗入到消费者的记忆中，企业产品才能扬名立世，迅速打开销路，并不断占领市场。

创富锦囊

在经营管理过程中，“和为贵”的思维方式是和谐共赢的基础，是经营管理工作的一个目标，“换位思考和谐共赢”的行为规范，实质内容包含着企业成员的对于内外人际关系的态度和行为规范，表现出来的态度，直接影响着企业法人的信誉、形象。它是企业经营内求团结外求发展不可或缺的重要手段，做好了，可以取得事半功倍的效果。

二十七、做好营销文化软实力的文章

随着企业经营理念的提升，越来越多人意识到一个问题：企业经营的成功，不仅要靠硬实力的提升，而且也需要软实力的加强，尤其是文化软实力的提升，更是重中之重。那么什么是文化软实力呢？该如何提升呢？

2011年，我在中山大学岭南经济管理学院参加一个关于推进企业营销的论坛，主讲是一个姓陈的教授，在论坛发言中他说：追逐财富是人的天性，如何实现？最重要最基本的办法就是搞好营销。营销好坏由两方面决定：

一是实力，包括资本硬件和文化软实力。在现代市场经济规律的作用下，营销艺术集中体现在文化软实力。推动营销过程中能否吸收新思维形成新思维、新事物，与传统的旧思维、旧事物中和，发酵，起化学反应，而更新成为有新商业价值的营销服务、商品，推而广之，创造财富，社会得益。营销学问的创新、更新在于实现较高的商业价值，使客户认知，由理性和理智交融、贯通，生生不息。营销的成功在于社会价值实现，使企业不断地获得利润，发展壮大。

二是乘势经营的技巧。要努力创造最佳的经营势态，做到从构想投资开始，设计成品，制作产品，进入市场，销售渠道通畅，变现收入“势不可挡”，很快获取经营效益。

听过陈教授讲的课以后，一个创业卓有成效的朋友颇有同感地对我说：“我觉得，办企业，搞营销，文化软实力的确很重要。可以说，是文化软实力帮助我解决了体制改革中的各种矛盾，得到支持，渡过艰难险阻，才有今天的业绩！”

我的这位朋友是一名退伍军官，上个世纪九十年代初复员，被安排在轻化工业局。为了解决干部家属、子弟就业出路，奉命创办了一个化工用品企业。该企业初创的时候只有七个人，周转资金一万元人民币，只生产一种产品——黑色火药。20 多年过去了，该企业现在发展成为惠州地区颇负盛名的一家民营企业，专营化工用品产品，集生产、制造、销售为一体，以化学产品为主的多种经营联合企业，员工人数达 1500 人，总资产已经有 2 个多亿。

该企业创办之初，凭借他在部队的时候就是兵器工业火药研究实验室干部的专业知识和相关的人脉资源优势，获得了“火药危险品之类”的特殊经营权，取得了明显的经济成效，挖到了第一桶金。遗憾的是，好景不长，在市场经济的冲击下，该企业因失去了无烟炸药的垄断地位而濒临危机，危及生存。为了渡过难关，他们及时地通过建设化工产品生产基地的途径，在近郊区的西坑山地修建了厂房，从事化工用品的生产制造业务。他招聘了几个有化工产品开发、销售的专业技术人才，推出了化工产品制作、销售、服务一条龙的营销战略，为企业确立了一套确保降低成本，节省原材料和提高劳动生产率的标准化的生产、营销流程。成功以后，在企业内部管理强制性贯彻执行，使企业从此完成了日用化工品从基地、科研、生产、销售一体化的管理体系的创新发展，并且给企业带来了很好的业绩回报。

2000 年，政策要求集体企业要改制成民营企业，他及时采取改革措施，将企业性质改变成民营有限责任企业，他自己继续担任法人代表兼任总经理。企业业务主要是生产制造、营销精细化工用品，由于该企业生产的产品质量高，价格低，很快地占有市场，取得明显成效。

2005 年，该企业又创新研制新产品，并制定“效益是科学研究的动力”的方针，该方针明确规定，评判研究工作好坏的标准是科研投资与产生效益的比较，要求每项研究都必须产生经济效益，失败了则必须找另一项研究成果来冲减亏损。他们把试验室设在工厂内，研究工作同生产销售始终保持密切联系，研究成果为经济效益服务，从而走上创新的快车道，它使新的科学技术很快就转化为市场竞争中的技术创新。这种致力追求研究成果商品化的管理体制使企业取得了新的非常好的经济效果。2008 年，金融海啸冲击波给很多企业都造成严重影响，不少企业破产关门。而该企业的经营业绩却是连年递增，丝毫不受金融海啸的影响。

在交流的最后，他总结道："教养就是文化软实力中的一种，它对促成营销服务事业发展发挥着极其重要的作用。所谓教养就是对人处事有规矩，讲话、行为有礼貌，让人感到愉悦。假设我对人生硬，就不可能取得今日的经营成果。我是复员军人，没有大家支持，新办企业的生意就会做不好。特别是改制，把一个经营效益明显的集体企业变为民营企业，谈何容易？有多少艰险曲折，不是亲身经历，不知其中的酸甜苦辣。企业推行这项改革的时候，变化了员工在原来生产关系中的地位，牵涉到权力、身份、地位等方面的待遇，牵涉到各种各样相关人员的切身利益，弄不好就会有大事件发生。现在倒退回头看，还是心有余悸！需要与人沟通，需要与大家商量，有教养的言行，别人才会接受，得到大家的支持，才能改制成功。所以，一个人的教养，对做好营销这篇大文章也很重要。"

听了他的话，我点头表示肯定。确实如他所说，企业的营销服务是一篇大文章，必须实力雄厚又能造势、乘势，才能做好。分析身边成功企业创办、生成、发展走过的历程，告诉我：只有营销成功，获取利润，企业才能健康发展；而要做好营销大文章，除了必须具有一定的硬实力资本有机构成以外还需要有文化软实力。

创业者面对企业经营团队中不可避免出现的争夺权力和利益纠纷的情况时该怎么办？这时候，特别强调领导者要注意节制。对于财富的渴望，对于成功的期盼，对于利润的追逐，都要适可而止，避免以偏概全，结果把事业引向失败。要牢记"一失足成千古恨"！不管什么原因失误，造成企业破产，都是永远无法挽回！要强迫自己省悟改革与脱困的关联机制，在经营活动中遵从现代商业的行为准则，规范商业伦理道德，用人性化的办法去解决人与人之间的问题；在关键时刻能够做到为成就他人而自我抑制，则可以用最少的成本取得最明显成效。教养是文化软实力，是一种智慧，是无形的巨大的力量……

创富锦囊

营销是篇大文章，是好是坏，不仅要看企业本身的硬实力，更要看企业的文化软实力。它是企业的核心竞争力之一，它的缺失，将给企业带来意想不到的损害，比如企业文化的缺失、团队凝聚力的缺失、企业向心力的缺失等。作为企业创富人，在努力提高企业硬实力的同时，切不可忽视文化软实力的提升。

二十八、坦率面对合伙关系的分裂

曾经的合伙人最终分道扬镳，这对于企业的发展来说到底是好还是坏，很少有人能够做出一个定论，但有一点是肯定的：对于合伙人的撤资、离开，是不可勉强的。那么在面对这种情况时，该以什么样的心态来面对、该以什么样的眼光来看待呢？

2012年春节前的某一天，我在办公室见到了创业初期的合作伙伴。和以前的意气风发相比，现在的他可以用“落魄”两个字来形容：满头的白发，苍白的脸色，破旧的衣服。他之所以来找我，是因为他的妻子生病需要动手术，还差2万块钱。在到处筹借无果的情况下，找到我，希望我能帮忙。

对于这样的要求，我向来是不会拒绝的。很快通过财务，给了他2万块钱的现金。他拿着钱高高兴兴地离开了，而我却坐在办公室里开始回忆我们俩曾经的合作。

他曾经是我创业初期的合作伙伴，当时如果没有他的投资我是无法起步的。后来，因为他多疑，认定我在办理贷款过程中多报销花费，中饱私囊，因此两个人闹了别扭，结果分道扬镳。后来也曾听说他穷困潦倒，却没有想到他会如此落魄！一个朋友知道我和这位合伙人的事情之后，感慨地说：创业初期合伙给力，以后彼此之间不合适，闹矛盾，双方分开了才好。这种归宿，是商道的使然。创业之初，志同道合，走到一起，共同努力实现商业利益。发展起来之后，出于对商业意识深刻理解和运用的认知不同，伙伴关系分裂是常见的事情。纵观一些大型企业，很多都是早期的创业伙伴最终分裂而去，只剩下一个核心人物，实现了大发展的目标。那些为创办企业做出过突出贡献的伙伴由于种种原因离开以后，也是有好有坏，各得其所。像微软的盖茨与保罗，联想的柳传志和倪光南。

比尔·盖茨 1955 年 10 月出生，在西雅图长大。盖茨是家中 3 个孩子中的唯一男孩，排行第二。少年时代热衷于电脑游戏，富于想象力，14 岁的时候不再上数学课，因为他已经很好地掌握了数学知识。1973 年进入哈佛大学法律系学习，19 岁退学，和保罗·艾伦创办电脑公司。保罗·艾伦 1953 年 1 月出生于西雅图，中学就读于西雅图的私立学校——湖滨中学，与盖茨在同一个学校，因此成为好朋友。他俩共同爱好计算机，共同利用湖滨中学的终端机练习编程技巧。1971 年，保罗中学毕业后前往华盛顿州立大学上学，两年后为了成为波士顿 Honegwell 公司的程序员而退学。在波士顿，他和盖茨重逢。保罗说服盖茨从哈佛大学退学。1975 年，2 人共同在墨西哥州创建了微软公司。

保罗对微软公司的创建和发展做出了重大贡献。他们的第一个版本 MS—DOS 基本上是保罗开发出来的，并且首次在 Intel 的微处理器芯片上运用成功。如果说保罗主要在技术上对微软公司做出了贡献，那么盖茨主要是在商业运作上作出了贡献。他们的分歧源于股权分配。保罗认为：既然微软公司是两人共同创建的，股权应该平均分配。盖茨认为应该根据商业效益贡献大小分配股权。盖茨认为：自己的贡献大，把股权定为 60%，只给保罗 40%。对此，保罗不服气，离开了微软公司。对此，保罗很感慨，公开揶揄说：也许这就是图书馆管理员（保罗父亲）的儿子与律师（盖茨父亲）的儿子合伙的注定宿命吧！

对于盖茨和保罗的人格差别，没有多少人去认真考证。从有关文献看，盖茨的技术能力也不一定比保罗的技术能力差。据说，他们还曾经通过比赛软件编程速度决定公司大事谁说了算，结果是盖茨赢了，所以，盖茨说了算。有一点可以肯定，盖茨比保罗商业运作高明，所以，注定盖茨胜出。在盖茨退休宴会上，有人说：“保罗很合算，盖茨虽然聪明，但是他这一辈子都一直为保罗打工，直到退休！现在微软的 CEO 鲍尔默，是盖茨哈佛大学最好的同学。可见，盖茨总是在寻找最聪明的人合作合伙，不断创新，不断获得成功。”

同样，联想的柳传志与倪光南原先也是合伙人，最后还是以分手告终。

柳传志 1944 年出生，江苏镇江人，西安军事电讯工程学院毕业。

1970 年在 广东珠海白藤农场劳动锻炼。1970—1983 年在中科院计算所工作 1983—1984 年在中学院干部局工作，1984 年起至今在联想集团。倪光南 1939 年出生，浙江省镇海人。1961 年毕业于南京工学院，现为中国科学院计算机所研究员，是联想集团首任工程师。主持开发的联想式汉字系统，较好地解决了汉字处理的一系列技术问题，于 1988 年获国家科技进步一等奖。随后又主持开发了联想系列微型机，于 1992 年获国家科技进步一等奖。1994 年当选为中国工程院院士。

他俩共同创建了联想。柳传志为了使联想有创新的动力，邀请倪光南加盟。他曾经“三顾茅庐”请倪光南出山。倪光南加盟联想，领导了汉卡的研发，使联想挖到了第一桶金。那时，柳传志总爱说一句话：“倪总的话，就代表了我的话。”他们情投意合的程度是多么深刻，可见一斑。

柳传志和倪光南的矛盾源自于他们对公司的发展方向看法不同。1990 年，倪光南认为发展程控交换机是个好机会，建议重点推广程控交换机业务，并主张走技术路线，重点研发推广程控交换机芯片技术，为此要求成立程控交换机芯片研发中心。柳传志则认为，联想不适宜大规模投资研发，而是仍然把主要精力放在贸易和制造方面，走“贸工技”的路线。这样，彼此都触动了对方的“奶酪”。柳传志和倪光南之间发生了激烈的冲突，并且从路线之争演变为权力之争，最终是以倪光南出局而结束。

客观地分析盖茨和保罗、柳传志和倪光南的合伙分裂过程可以看出：柳传志和倪光南的矛盾和问题是路线之争，其实不存在谁对谁错。应该说，两条路线都是当时电讯事业发展的需要，确实是十分复杂的原因导致了他们的分裂。盖茨和保罗的争执在于股权，而不是发展方向、路线。

通过这几个故事，我们得出了一个结论：现实中，大多数成就都是由个人完成的，最多就是由核心人物加几个帮手。所谓团队协作和独立工作都一样，都只是完成任务的工具。只有明白这一点，我们才不致于片面地排斥重点人物的作用，整体地看透事物的本质。

对于创业的核心人物而言，初始阶段是合伙给力，才能把创业工作做好；发展阶段，是合是分，要顺其自然。理念相同，继续合作下去，有力量，发展更快；理念不相同，分道扬镳，有好处，各得其所，有可能发展得更好。优秀创业者，敢于合伙，也敢于分裂，这是必须大胆面对的现实。如果患得患失，就会是不折不扣的失败者！

创富锦囊

做生意需要合作伙伴，观念分歧产生矛盾，在不能和好如初的情况下平静分手是明智的选择，“以和为贵”才有好结果。优秀创业者，敢于合伙，也敢于分裂，这是必须大胆面对的现实。如果患得患失，就容易成为不折不扣的失败者！

一位企业家的创富密码

H A N W U N P I A N

感悟篇

二十九、创业短命的“八宗罪”

企业短命是企业创富人在创业过程中必须要面对的一道坎，如果无法跨越，创富很有可能只是一个美丽的梦想而已，很难成为现实。那么企业为什么会短命，受制于哪些方面？作为企业创富人，该如何帮助企业渡过这个难关呢？

据国家有关部门研究结果表明：改革开放以来新成立的企业，平均寿命只有3年多。显然这些企业是短命的。造成创业短命的原因有很多，而最根本的一个原因是创业者的自身素质。从这个角度来说，创业者的行为结果决定企业的寿命。为什么呢？

在我的创业过程中，也曾经遭遇失败的项目，在我的身边，也有一些企业最终走向失败。通过对这些失败的项目、失败的企业的观察和经验的总结，我归纳出企业短命大概有以下几个原因：

一、企业领导人知识水平有局限性

二十世纪八十年代，在改革开放的时代潮流中,一大批农民洗脚上田，经商致富，在推动中国经济高速发展的同时，造就了一大批名震四海的农民企业家，为世界所瞩目。遗憾的是，这些农民企业家并没有带领他们的企业走得很远，一批人经过一段时间的经营、风光之后，纷纷选择关门大吉！他们跟随着市场竞争机制转换而波动，起起落落，经历了沧桑变迁，他们得益于改革开放政策发了财，仅仅名噪一时，随即销声匿迹，这些人大多数知识教育水平都比较低。正是因为其自身的知识局限性，在企业的经营发展过程中，没有意识到什么是机会，什么是风险，最终导致了失败。导致了短视行为，有的是一意孤行，有的是父子兵，封闭自守的家族制。

二、领导班子结构不科学

在中国民营企业的领导班子中，父子兵、家族企业的形式普遍存在。这种不科学的领导班子容易形成错误的领导观念，产生错误的领导行为方式。党同伐异的裙带关系严重影响着优秀人才的选拔和任用，这也是导致企业无法发展壮大的问题之一。

三、企业管理不到位

由于企业领导人对企业管理的意识不够，使得员工队伍出现一些错误的工作作风，对上阳奉阴违，对待企业的经营目标执行不到位，中饱私囊。少数人肥私的行为结果必然是影响了产品质量，使之在市场上节节败退，严重损害了企业的前途。

四、企业经营行为短视

改革开放政策造就的中小企业基本上都是处在生存阶段，以推销为主业，企业经营机制偏重于集权化统治，销售、生产、供应、采购等等环节基本上都是创业者一个人亲自抓。他们的文化知识比较欠缺，或许可以做到戒骄戒躁，搞短期行为。在经营活动中表现出极强的短期行为，不是立足于长远，通过脚踏实地、艰苦细致地工作来实现经营利润，结果适得其反。

由于企业领导人自身素质的影响，使得经营活动浮躁急进，在营销运作中更多地考虑短期利益，比如为了追求销售额，超额投资做广告；或者是在产品质量上以次充好。这些骗取钱财的行为方式，使企业经营管理频频发生危机，拖垮营销运作而最终使企业短命。

有些人只把思维集中在短期利益上面，为现在而放弃未来，在追求经济效益的时候缺乏长远打算，尤其是缺乏承担社会责任的诚意，不能为实现企业长期目标而培育核心竞争力；他们的思维注重商机的把握，为商业利益表现得很势利。价值追求视财富为目的，有强烈的占有欲望，表现自我，占有财富则生活奢华，高档消费、享受，炫耀富有。他们专注物质，唯利是图，投机取巧，只要能赚钱，挖空心思去钻空子。当投机成为商业习惯后，便注定了短命的结局。

五、企业经营不务实，想不劳而获

做企业赚钱的办法有很多，归纳起来可以分为两大类：一是创造财富，二是瓜分财富。创造财富“赚钱”比较艰难，必须兢兢业业地提高产品质量，降低产品成本，不间断地为消费者提供优质服务，争取顾客满意，使顾客实现价值。就像农民种地一样，精耕细作才能收获果实。瓜分财富“赚钱”表面上比较容易，其实是真难。方法也是多种多样，最简单的方式是通过房地产经营炒作，高等级的方式是资产经营，通过资本市场，股票、期货买卖，金融投机等实现财富转移。炒作房地产、买卖股票，成为千万富翁。但是，瓜分得来的财富，很可能是泡沫，来得快，去得也快。君不见有多少人因炒作房地产、投资股票而破产，由“富翁”还原为“负翁”。不劳而获的结果很容易出现“颗粒无收”。

六、企业经营无法适应市场变化

在企业经营中，一些人思想观念中固有一种定制，经营行为不能适应环境变化，没有适应变化的能力，企业即使不倒闭也会遭遇事变的挫折而不能自拔。现代社会，不确定性的事件时时发生。企业处在充满不确定性因素的环境之中，很容易受到致命打击，而领导者不能适应形势变化而有所创新、改良，致使经营活动频频失误。又雪上加霜，对员工管理常用高压政策，丧失了对市场需求变化的感触，贻误了趋利避害的最佳时机。领导者的高压指挥使员工难以接受，离心离德，不认真工作，没有效率，结果使企业崩溃。

七、企业经营过分乐观

某些企业领导人在经营过程中表现得过分乐观，容易被海市蜃楼般的前景所蒙蔽，看不到经营行为后面潜藏的危机。当危机来到面前的时候，没有及时采取有效措施去应对。有很多企业在取得了明显成效以后，整个企业组织会为成功所冲昏头脑，培养出“三不员工”来，即对于企业的现实及前途表现出“不看”、“不想”、“不行动”。这些人对于企业存在的问题“视而不见”，即使是看到了问题的严重性也不去思考如何解决。

除此之外，还有一种是具有“侥幸心理”的人，比如：对一些破坏性的经营方式、行为方式，当它出现和渐渐地成为一种趋势的时候，即使看见了，也可能为过去的成功而沾沾自喜，在企业面临着危险形势的情况下，仍然盲目乐观，不会采取应变措施，或者是措施不力。在侥幸心理的氛围中让“旧势力”通行无阻，可见，是创业者的麻痹大意和惰性松懈而致使企业“意外地”死亡！

八、市场定位不准

由于企业经营方针政策的市场定位不正确，结果投入产出没有收益。企业存在的目的是为顾客生产商品或者提供服务，如果企业生产出来的商品或者提供的服务无法满足顾客的需求，又如何实现创富呢？

九、不适当的扩张发展

有一些企业经营者一旦取得成功就认为自己无所不能，无往不胜，过分地夸大主观作用，结果导致失败。他们不知道为了扩张进行兼并投资可能面临巨大的风险陷阱。美国一位管理学家说得好：要兼并一个企业，首先不是考虑从被兼并企业得到什么，而是应该考虑能给它什么。如果什么都不能给它，就不要兼并。而我们一些企业正好相反，首先考虑兼并后从对方得到什么，企图通过兼并发展壮大自己，而自己又恰恰什么都不能给对方。无度扩张的兼并结果不仅不能成为财富，反而成为包袱；不仅不给企业增加效益，反而把企业拖累，甚至拖垮。不惜血本，不问条件的兼并是一种错误行为，“贪大求全”，原来的优势就会丧失。视野只见森林，不见树木，其结果必然是泡影幻灭。解决办法是摸索、创新，步步为营，适当发展。

还有一种不适当的扩张发展的形式是盲目地多元化投资，结果引致失败。事实上，人的精力是有限的，在一定时期内所获得的信息量也是有限的，知识才能也有限度。“业精于专，而毁于随”，把有限的精力、时间集中于办一件事就能成功，如果四面出击，力不从心，做得不深不透，必然招致失败。

在这一点上，西方企业已走过不少弯路，所以更强调专业化发展。世界汽车行业的发展最具代表性：大型汽车制造商的零部件自制率降到30%以下，而70%以上在全世界范围最佳采购。结果，不仅降低了产品成本，而且提高了产品质量。因此，专业化的真正含义是：不仅仅专在某一种产品上，而要更进一步专在这一产品的关键部件上，集中到更小的范围内，把它做得完美无缺，做成世界第一。

就单个企业来说，与其在一个新的没有把握的领域里冒险，不如在自己熟悉的领域里做深、做透、做成最好。一个名牌的树立需要可持续培育，要专到更细的领域里，扎扎实实，把主业发展好，企业专业化才有生命力。相当多的企业垮台是在取得一定成就后就盲目多元化，产品忽东忽西，结果失败。解决办法是认定主业，小心谨慎拓展新业务。

通过对一些经验教训的总结，我深刻地认识到：不适时世、目标过高、急功近利、盲目发展等“短命”的经营行为都有一个共同特点，创业目标太美好，理想化，结果事与愿违。所以，企业短命是创业者在理想迷路中导致的失败！

创富锦囊

无论是企业的价值，还是创富人想要创富的愿望，都有一个前提：企业的长久性生存并获得一定的利润。从某个角度来说，企业的成功，就是一场生存保卫战。作为企业创富人，一定要明白并规避企业短命的一些误区，尽最大可能延长企业寿命，为企业的价值、创富的愿望打下坚实的基础。

三十、企业创富秘诀十二招

企业创富的一个标准就是能够赚钱，否则不但资金无法回收，企业运营会受困，而且目标也很难实现，到头来只是一个失败的案例。那么企业经营中，该如何做才更容易赚钱呢？那些曾经获得成功的企业是否有什么秘诀可以借鉴呢？

赚钱，是企业创富的第一要义。如果无法做到这一点，资金就无法回笼，工资、利息、租金无法支付，价值不能实现，就是投资失败。那么企业经营如何赚钱？我积累30多年经商盈利的经验，总结出赚钱秘诀十二条，记录在后面，与有心人共享。

秘诀一，寻找适合自己的赚钱商机

我退休的时候，惠州市区还遗留有大量的“烂尾楼”需要进行完善建设，里面充满机会和挑战，当时捕捉住这个商机，寻找到解决“烂尾楼”症结的办法，敢于及时切入，结果成功经营建筑面积达13万平方米的海燕·绿岛商城项目，获得了丰厚的“政策红利”，实现了超常规的结营效益。

世上的许多事都讲机遇缘分，机缘巧合。一个偶然的机会碰上一位老朋友，在闲聊中知道他们公司有一个房地产“烂尾楼”项目，需要找人合作完成。我觉得是个好项目，表示可以参与，他积极向领导推荐，结果达成了协议，做成了“绿岛商城”，获取了可观的利润。而有些人，把面子成本看得很重，有了机会怕失面子而不敢尝试，再好的机会也等于零。

对于商机，是“仁者见仁，智者见智”。眼光敏捷，细心寻找，有心人才能认识它，“机不可失”，出现适合自我的机会，抓住了，做好了，就能赚大钱。

秘诀二，依靠资源优势赚钱

2003年，我想做玉兰花园项目，它原本是“烂尾楼”，给出的条件是用项目用地建成的房产解决“烂尾楼”的债务问题。对此，我采用“期房作价清偿债务”的办法，得到各方面的认可。在债权人方面，获得期房债权金额比投资债权多，好接受；在投资者，用期房价值抵偿债务，相当于提前销售获取利润，只投入建筑造价成本，何乐而不为？这样的做法，实现了双赢。现在回头去看，如果当时不敢用“期房价值抵偿债务”的办法，哪来大笔资金解决“烂尾楼”债务？

2007年，国家实行房地产开发调控政策，一时间房地产市场冷冷清清，资金短缺。我利用港商朋友的资源，把自己决心低价销售大商场的消息告知大家，从而获得一个港商老板认同，他趁机低价购买商场经营高档家具，做成了这笔4000多万元的大生意。在这次交易中，我解决了资金短缺的困难，他获得了极富增值潜力的大商场，实现了双赢。这些事实说明，充分利用资源，敢想敢做，才能成功。

秘诀三，顺应“潜意识”的引导赚钱

我三次白手起家创办企业，都获得空前成功，就是依靠“潜意识”的导向，专注于自己认知的事情，不被别人的消极态度和举止所左右，结果梦想成真。其实，潜意识是一种信念，是对周围世界的自我感知的产物，在达成心愿的冒险路程中，一切未知的意外都可能成为实现目标的踏板。

秘诀四，用经商智慧赚钱

“经商”，就是要与人协商产生利益，并进行分享。我在房地产开发经营生意中，选择与建筑商合作搞建设，会思考本建筑工程项目可以产生利润的空间，在充分尊重对方利益的前提下洽谈、确定合作伙伴，所以没有建筑工程纠纷案件发生，队伍稳定，确保了工程质量。立足少赚一点，顾客多一点，获取长远利益。

我是这样做生意的，比如有一笔生意可以获得15万元的利润，我只会要10万元，给客户让利5万元。表面上是赚少了，实际上这样做可以获得更多的客户。多一笔生意，就是多10万元的利润。我开发的房产就是这样销售的。顾客多，销售量大，结果是快赚钱，赚大钱……少赚一点，是经商的大智慧，滴水成河，汇聚成海。

秘诀五，把服务当成“爱”来赚钱

“爱”也能用来赚钱吗？不仅能，而且效果极佳。

在企业经营、提供服务的过程中，我认为办企业当老板，要爱员工，是为员工服务，让员工获得较好的收益；员工要爱老板，为老板服务，让老板赚钱自己获得更好的回报。一样的道理，企业经营要爱顾客，为客户服务，从中获得回报。服务对象就是“上帝”，是赚钱的源泉，在服务过程中创造财富，获得利益回报。在选择项目好坏与各种人的纠葛中，把服务当成“爱”赚钱，选择“对人不对事”的原则更有利于赚钱。

我的实践证明：选择好项目重要，选择有好人品的合作者更重要。人品好，即使一时做错事产生矛盾和问题也会很快得到改正。如果人品不好，一旦出现差错便容易闹得鸡犬不宁，很难收拾！我做生意坚持这样的信念：找合作伙伴做项目，对人不对事，选择诚实守信的人合作，互为对方服务，追求效益与利益的平衡。在个人利益与共同利益发生冲突的时候，自觉要求个人利益有所避让，努力保障共同利益，统一行为，经营绩效获得提升，个人的收益才能获得同步增长。

秘诀六，掌握好“时效”赚钱

做生意，最简单明了的老办法是利用“时差”“地差”赚钱。现代社会，由于交通、信息发达，“地差”已经没有多少优势，而“时差”的效力却非常突出。资源型产品的价格比会随着时间和空间的推移上行，比如房产、人力……而工业产品的价格比会随着时间和空间的推移下行，比如汽车、手机……有口号说“时间是金钱，是效益！”经营商业，必须十分重视时空的作用，不在早迟，在于适时！只有管理好时效才会有经济效益。所以，把握好“时效”，适时适地抓好产品销售获取利润是能否赚钱的关键。

秘诀七，培养狼的斗志赚钱

企业经营者在市场环境中求生存，和自然界食物链中上演的一样残酷，即使是同类也会自相残杀，“弱肉强食”。而狼的品行却不相同，狼群会共同攻击别类，胜而食之。狼是动物链中的强者。创业者要努力学习磨炼自己具有狼的品格：一是敏锐的嗅觉，感知前途；二是不屈不挠，奋力拼搏；三是群体战斗，不断进取，共同享受胜利果实。我在市场环境的洗礼中，想方设法从羊群中脱胎换骨，站到狼群的位置上，避免了被吃掉的恶果。在商场中，努力成为强者，免遭“弱肉强食”的命运，求得较好的生存和发展，在市场经济生态平衡中不断开拓、前进。

秘诀八，掌握投入、产出、结余的规律赚钱

我在企业经营过程中注意加强财务管理“三部曲”编排，每个环节都强化财务核算。首先，认真计算如何定时分期回收固定成本投资，作为固定成本分解摊派在产品中；其次，在产出产品过程中，认真控制制作成本；在流通产品过程中，要认真控制流动成本；在产品变成现金后，认真核算税务负担是多少，盈亏平衡点是多少，实现利润是多少。建立财务结算制度确保投入可控，产出可收，产出收益一定要比固定成本加变动成本加税务支出的总金额要多，才能实现盈利。

秘诀九，组织优秀的经营团队赚钱

创业需要个人英雄精神鼓舞，但是不能单枪匹马，必须依靠员工队伍集体奋斗获取利润。团队是生命线，团队至高无上，依靠团队是最佳的取胜之道。我创办企业，就是依靠个人英雄主义融于团队之中，自己只成为领头，团结协作，无往而不胜！落到实处，就是责任心，通过工作态度表现出来。老板给员工们薪金，是责任；员工们拿了薪金，努力工作，同样是责任；老板获得剩余价值是利润，员工们获得奖金报酬是分享。大家都承担各自的责任，完成各自的任务，企业盈利，各自获得应有的利益。

秘诀十，出卖“套装产品”赚钱

有人问：什么样的路径才能更多地赚钱？我先后创办3间酒店，一次性投资建设，推出新产品客房、餐饮、娱乐场所，之后卖出十次、百次、千次，靠时间、空间重复出售“套装产品”，赚取数额可观的利润。

世上所有赚大钱的企业都一样，它们只要推出产品一次，之后就一而再、再而三地出售这种产品。“套装产品”的意思是制造定型产品，重复出售。以音乐家或运动员为例，他们就是利用时间的杠杆原理贩卖“套装产品”。音乐家把他们的歌一次性录制下来，然后卖出数百数千数万张唱片盈利。知名拳击手上场一个小时的拳赛，可以获得成千上亿美元的收入。这是怎样办到的呢？运用时间杠杆的原理，将转播权卖给电视台。一场世界级的拳击赛，通过电视转播，在全球可以吸引上亿人收看，卖出广告赚钱。这就是充分利用时间杠杆原理赚取利润的例子。

秘诀十一，努力提高赚钱速度

力学原理告诉我们，力量的大小由物质的重量和速度决定，在物质重量确定的条件下，加快速度就能获得更大的力量。在市场经济环境中，企业经营除了竞争还是竞争，在竞争过程中，速度就是一切，没有速度，一切都是空谈。我在房地产开发过程中，认定工程进度的速度只有一种，就是“更快”，争取用最快的速度完成建设。结果表明，这样做，工程造价比较低，销售效果比较好，实现利润比较高。

秘诀十二，具有强烈的自信心

我经营企业的实践证明：心不难事就不难。未来的世界，不是有权人的世界，也不是有钱人的世界，而是有心人的世界。信心，是赚钱不可或缺的条件之一。当然，信心意味着责任，意味着要尽量少犯错误。不过，并不是因为这些人有过人的天才，而是他们对工作敢担当，为完成任务一往无前。

解放军战士对领导布置的任务不管多难，都是一句话表示决心：“保证完成任务！”正是这种不怕牺牲敢承担责任的精神，成就了无数战斗英雄，创造了可歌可泣的故事。企业经营也一样，经营业绩不仅是能力决定的，更是态度决定的。只有下定决心才会有动力，才能赚钱。

上述十二条秘诀，其奥妙无穷。明白其中的道理是维系创业成功的战术思维，融会贯通，使之成为经营企业的行为艺术，创业、创富、创新，永无止境。

创富锦囊

失败的企业之所以失败，有上千个原因，成功的企业之所以成功，总是遵循某些特定秘诀与法则。了解这些秘密法则，是成功创富的必修课之一，它能够让你少走弯路，也能够更快、更有效地实现自己的梦想，获得你想要获得的东西。

三十一、风雨之后才有彩虹

在不少人的心目中，“幸运儿”往往是成功的人代名词，他们认为别人之所以成功，是碰上了好的机会、有足够的资金支持、有好的朋友相助等。事实上有句话说得好，你所看见的永远只是别人风光的一面，却无法了解他在成功之路上遭遇的风险与困苦。如果你也想成为一个创富人，就必须做好受苦受难的准备。风雨之后才有彩虹，请问，你准备好了吗？

2012年春节，几个志同道合的经商朋友相约在西湖大酒店13楼天台聚会，旨在分享苦乐，交流信息，互为关怀。

一番寒暄过后，彼此的话题自然开始深入。在国际金融海啸形势和国内调控政策的双重影响下，我们经营的企业不仅没有出现颓势，反而红红火火，出人意料之外。刚开始，大家都担心我的房地产企业遭遇不测，看见我泰然自若，便开始放下心来。沉浸在席间的欢乐中，我开始回首这几年经营房地产的结果，真是有心想事成的感觉：投资成本、基建成本、费用成本、销售成本，都比预算大大降低，而售价却是比较预期高出许多，实现了价廉物美的效果。由于房价上涨，客户获得了实惠，都比较满意！我为成功而高兴，不在于赚了多少钱，而在于得到了社会各界的认可，赢得了信誉的口碑。话又说回来，这里面，有多少艰辛，多少危难，却鲜为人知。人们看到的，只是光辉灿烂的正面，而那背后有多少艰难险阻给人以多么挖心割胆的感受，别人是难于理解的！此时此刻，我更感悟到“厚德载物”的分量：积德深厚才能多享幸福，无德妄为必然自伤！

这个时候，一个稍微年轻些的朋友开门见山地问我说：“你是前辈，我们的榜样。你有没有算过账，退休以后的10年时间里创造了多少财富？你对自己的人生价值是怎么样进行评估？”

说实在的，我的确还没有想过这样的问题，只能茫然地摇了摇头。不过那位朋友有心，替我算了这样一笔账，也算是给我退休后的人生做了一个总结。

他说："我简单地算了一盘账，你退休以后，成功开发经营了商品房玉兰花园和绿岛商城，总面积 20 万平方米，销售面积有 15 万平方米。该卖的商品房已经销售，该租赁的商务用房也已经租赁出去，接着是自己经营酒店。你的经营项目八成是商品房住宅，二成商业用房。商品房按每平方米平均价值 4000 元估算，销售额超过 5 个亿的人民币。利润率按 20%计算是 1 个亿，打个八折也有 8000 万。二成商业用房，平均每平方米赚 3300 元，也有 1 个亿。退休以后创造这么大笔的财富，真是奇迹！"

听见朋友那样算了一盘账，我惊讶不已，不过还是谦虚地否定说："不能是这么个算法。做生意有很多不确定性，有些账是无法估算的。不过，有今天这样好的结果，也是始料不及的。是占了土地红利、政策红利的好处！是我走好运！如此而已，不是我有多少本事！"

朋友们七嘴八舌地议论纷纷："土地红利！政策红利！有本事的人才能获得的！""你不要有思想顾虑。又不偷，又不抢，也不存在贪污受贿。再有钱，也不怕！""只要你照章纳税，赚钱越多，越是荣耀！""家有千金，外人有秤，现在有了物权法，私有财产已经受法律保护。不会再有斗地主、斗资本家的政治运动了，不用害怕的！"

我解释说："你们这算法，也算是明码标价。但是，有些实际情况没有考虑进去。一是我们有很多房产物业没有销售，所以，不能算是实现了销售利润；二是我们走期房集资开发的道路，把好大的一笔利润让利给了客户。所以，真实的利润是要比估算利润大打折扣……"停一停，又继续说："人们往往只是看到高利益的一面，而忽视了高风险的另一面！其实，搞房地产，经营风险是很大的！这次金融海啸过后，又不知有多少烂尾楼！"

一个朋友感叹说："沉舟侧畔千帆过，病树前头万木春！做生意，说难则难，说易则易，真是难以预料！"又一个朋友带着欢欣鼓舞的语调有点自我陶醉地说："企业家的价值在于他能够带来资金资本和创造资金资本。他依靠个人魄力和能力，产生巨大的社会资源聚集力与财富创造力，造福一方。我们应该为拥有企业家的头衔、声誉而自豪!"

听着大家的议论，我表面上无动于衷，应酬着吃喝，心里却是百感交集。我首先想到的是对"事业成功"的诠释。这是每个人的人生目标，却各有看法，莫衷一是。事业成功往往包括财富、功名、快乐。功名有大小，财富有多少，快乐却没有统一的尺度衡量，完全是各人的感受。快乐指数因人而异，只要做到自得其乐、苦中作乐、助人为乐、知足常乐就可以愉快地生存、发展。对于普通人来说，能够劳有所得，少有所养，老有所依，衣食无忧，就应该是事业有成。商场也是生态环境，遵循优胜劣汰自然选择的规律，少数业绩突出的佼佼者，是物竞天择的结果。追求财富，只可为之，不可强求！立足生存，追求快乐，是人生的出发点，也是人生的落脚点。

除此之外，我还想到，创造财富过程中所经历的危难，不管是政治风险还是经济风险，只要有一件事做不好，就会出现倾家荡产的局面。对此，现在还有心有余悸。身边的经商朋友，能够善始善终顺利发展的真是寥若晨星。兴衰成败转头空，的确令人感慨。每日都有企业成立，每日也都有企业关门，长期存活的屈指可数！多少人当年曾经是叱咤商场的大亨，而今变成游走街边的无业小民！这样的结果，如何不让人唏嘘不已。

在改革开放社会潮流的推动下，各种各样的人涉足商业，做贸易、办实业、投资酒店、开发房地产。他们游弋商海，随着形势变化，成为成功的或者是失败的企业家。现代商业伦理与中华民族文化传统有深刻的矛盾，人们在时代的漩涡中思考、拼搏、抗争。社会转型，利益重置，人们的思想剧烈震荡，出现各种病态：诚信危机，道德败坏，伦理丧失。这些黑暗的社会现象要进行无情的批判，社会才能进步。人生智慧，呼唤教养、诚信、正义；颂扬道德、伦理、和谐。人生前途、事业前途、财富前途，得来不易。人生在世，奋斗目标，犹如追梦，如影随形，只有敢于追梦，才会有雷霆万钧之力量，才会有克服困难之智慧，积聚财富，不断地实现快乐。成功的光环照耀过程中的危难，绽放光彩，更加令人神往。

晚宴结束了，我的思绪却始终停留在这里，今天，我将这些付诸文字，目的就是想告诫所有的创业者，要想创富，必须对困难有必要的心理准备。

创富锦囊

在企业的经营过程中遭遇困难和阻碍在所难免，如果你真的希望走向成功，面对这些障碍与困难，不要退缩，想办法去解决，深信一点：办法总比困难多，只要你真的想做一件事，所有人都可能给你帮助。成功，不是在彩虹之巅，而是在风雨之后。

三十二、管控欲望的大智慧

欲望，每个人或多或少都有。从某种程度来说，企业的创富过程就是一个人欲望实现的过程。不过，很多人陷入了一个误区之中：欲望越大，成功的可能性也就越大。事实是否如此呢？欲望和成功之间有什么样的辩证关系呢？

纵观改革开放以来无数创业者的经历，他们在市场经济商海中随着一波一波的大浪淘沙而起落，能够顺风顺水走上岸来创业致富的弄潮儿确实不多。敢于拼博的风云人物大概有三种类型：一是国企改革的风云人物。他们或壮志未酬，或抵挡不住 59 岁的诱惑，或自然离场，大部分都销声匿迹。二是乡镇企业的龙头老大，他们高举着“集体性质”的旗号，与国企争饭吃，受到吹捧，纷纷扬扬，这些不甘人下的杰出代表，曾经风靡政商二界，为社会大众所羡慕，然而到底由于产权不清，或被挤垮，或成侵吞公有资产的罪犯，鲜有几个有好下场。只有极少数幸运者成为民营企业家，他们也都经过脱胎换骨的煎熬，是勉强成功的幸运儿。第三类是胆大包天的弄潮儿，他们原本是社会的草根，底层一族、为生活出路所迫，在改革体制的浪潮中，不经意下海经商，却取得财富，成为先富一族。捞到第一桶金创富有成之后，也迅速分化，其中的大部分人在新的创富浪潮中继续拼搏，结果是得而复失，又成为穷光蛋；另有一部分人小富则安，守住产业，过安分的富日子；只有一小部分人，继续奋斗，练成大器，继续浮游在商潮中成为民营企业家。

非常幸运的是，以上三种企业类型我都经历过，也都有一定的感想。如果用动物作为比喻的话，在我的心目中，国企全民性质的企业是“圈养动物”的特质，经营管理者要公私分明，管控自己，不贪不占，才可能有美好前程；集体企业是“放养动物”，主管的政府部门掌握着产权，管控自己，只能按有权人的意见支配财富，否则不能走向发展的前程；民营企业“野生动物”的前途广阔，企业生存和发展压力迫使人学习经营智慧，获取业绩。

无论是三种类型企业中的哪一种，能够活得下来，笑到最后，拥有丰硕成果的必定是懂得趋利避害的人。所谓趋利避害，实际上就是用大智慧管控自己的欲望，不管在什么时候，经营管理坚持“追逐合理利润，与人共享财富”的原则，不会追逐自我利润最大化，而执着追求利益分享；他们会放弃狡诈的思维方式，表现出诚信的魅力，受人拥护，获取商机无限；他们在恶劣的商业环境中，为了生存发展将潜在的机警、灵敏演绎得淋漓尽致，用变色龙的智慧和力量，自我保护，适应变化，茁壮成长。

不可回避的一个事实是，在计划经济向市场经济转型的过程中，大多数人都是摸着石头过河。创业者必须同时具备政治头脑和经济头脑，唯有如此，才能既讨得政治力量的欢心，又能经营好企业。没有政治资源支持，事业很难做好。如果过于依靠政治资源的支撑，也可能会在市场中翻船。从这个角度来说，要想获得成功，大多数情况下必须在政治运营和经济运营之间走钢丝。失败者，或热情过度地拥抱政治，或过分看低政治因素对企业的影响。这如同在雪地里滑雪，两脚之间如何平衡大有学问。还有另外一种人，虽然不太懂政治却能斩将过关应对自如，收获颇丰。奥妙在那里？很简单，只要“听党的话，当好孩子”。这种走钢丝的方法，是最安全最实惠的一种选择，是转型时期不可或缺的智慧。

然而也有商海弄潮者对“水能载舟，亦能覆舟”的规律性认识得不够，最终被商潮吞噬！我国经济改革的特色是在农村开始的，初始阶段，农村经济改革的模范数不胜数。有两个出类拔萃的典型事例，一个是天津大邱庄的禹作敏，另一个是江苏华西村的吴仁宝。他们都是农村的党支部书记，都是通过自己的努力，使农村企业拥有巨额财富，为世人瞩目，结果却有天壤之别。禹作敏从昔日的改革楷模、明星企业家，沦落为阶下囚，最后郁郁寡欢地死去，而华西村却长盛不衰，原因何在？

华西村的支部书记吴仁宝与禹作敏是同一时代的劳动模范，吴仁凭借娴熟的政治谋略，经营智慧，历经周折而不屈不挠，在计划经济的夹缝中求生，继而又在市场经济的大潮中乘风破浪，挺立在时代的浪尖船头，一直扮演着共产党的“好孩子”角色，最终取得了政治荣誉与经济收益，成为屈指可数的跨世纪的商界常青树，为世界瞩目。他们同在乡镇经济的一棵树上，却结出两种不同的果实，究其原因，失败者失败于锋芒外露，行为作风守旧霸道；而成功者成功于精通政治谋略，深谙野生动物的变色龙智慧，与时俱进，成为市场经济全球化的佼佼者。吴仁宝类型的成功经验证明，创业者要寻找生存智慧和力量，还要自觉管控自己占有财富的欲望，才会有美好的前程。

时代变迁，经营企业的环境在发展变化。市场经济初发之时，到处都是待开垦的处女地，机会之多，让人眼花缭乱。由此，造就了一批敢于“吃螃蟹”的人。当别人还在睡梦之中，这些人已经勇敢“下海”，收获颇丰。随着时间的推移，在激烈的竞争中，那些缺乏商业智慧的“吃螃蟹”的人，不少人落马，他们的共同特点是在偶然中成功，在必然中失败，甚至灭亡。

根据亲身经历，分析或成功或失败的原因，有明晰的结论：三种类型的商海泳者，先天素质没有多大的差别，时代条件相同，就是因为各自的出身不同，生存智慧和力量成因不相同，对占有财富欲望管控不一样，所以人生的结果千差万别。

这种认识也让我学习到两种智能：

一是学习野生动物的视野，这是企业求生存谋发展的超级智慧。为了生存，野生动物不畏惧艰险，长途跋涉迁移，其经历之危险大家都心中有数，真可谓是九死一生！然而为了种群繁衍，他们视死如归地奔赴目的地。其视野之广阔、之长远，让人叹为观止，人所难及。

创业者要有野生动物长途跋涉迁移的大视野，“善于做长线，敢于跑马拉松”，才能有大的成果。有人研究分析广东、山东两个沿海大省的创业者群体，得出这样的结论：广东人善跑短线，而山东人善跑长线。广东的创业者身处南海，较多较早接受海洋文化，多做转手套利的生意，他们把做生意当是一场百米赛跑，目标就在眼前，追求短、平、快，以最快的速度赚钱。改革开放以来，广东创业者多是弄潮好手，遍地开花，城乡联体，很快富裕发达，可是，富裕之后，缺乏后劲，停步不前，似乎都难长大，难为创富的常青树；而山东的创业者则有所不同，他们深受“重贵轻富”的鲁文化传统影响，形成了讲信义、讲忠诚、讲荣誉的性格，敢于担当，容易抱团。有道说：“山东人在正确的路线下是模范，在错误的路线下也是模范。”因此，只要有个头儿带领，不愁山东人做不出惊天动地的大事来。改革开放以来，山东创业者的行为不是做短线，而是跑马拉松，不做则已，做则是百年老店，成为创业致富的常青树。

二是学习野生动物的血缘遗传功能，这是民营企业在现阶段迫不得已的一种选择，是自我保护的基本智能。

亲情是人的本性，民营企业创业者抹不去的任人唯亲情结是动物为生存需要的智慧。创业者是为自己创业，更多地也是为亲人而创业！要把企业做好，必然会依赖亲情。所以“任人唯亲”“唯血缘是举”是常态的做法。亲人不是人才，办不好事，自然而然也成为众矢之的。道理很简单，平民百姓都知道。可为什么充满创业智慧的人却要反其道而行之呢？权益归属是利害关系使然。社会上流传的因为信任者不是亲人而上当受骗的故事，好似天方夜谭，花样翻新，层出不穷。在这样的社会环境中，特殊与残酷的事实，使创业者在用人问题上不得不遵循“害人之心不可有，防人之心不可无”。这句话的实质也是对个人欲望的一种管控智慧。在几乎是无规矩可循，无信用可言，无强力法制保障财产的转型社会中，任人唯亲是风险最小的选择！

打虎须要亲兄弟，执掌基业更要依靠亲人。只有当市场经济秩序文明进步，社会环境改善了，经理人的职业道德提高到一个新的水平，让资产拥有者放心，才能科学地规范地依靠职业经理人去创业，创富。

创富锦囊

企业创富不能没有欲望，否则等于失去动力，但也不能让欲望过分膨胀，影响到企业的生存与安全。欲望于企业好比帆于船，帆太小或者没有，船无法前进，帆太大或者完全盖住船身，则很容易翻覆。作为企业创富人，应该管控好自己的欲望，让欲望为成功服务，而不是成功被欲望毁灭。

三十三、敢负责任有作为

在企业创富的过程中，你是否想过创业者重要的贡献是什么？所需要体现的社会责任是什么？如果你没有明确的答案，不妨好好思考，借鉴成功者的经验。

有人问我："创业者的重要贡献是什么？"对此，我认为有三大贡献；一是创造了财富，为市场提供产品，为顾客提供服务，为自我实现经济效益；二是创造了税费，为国家提供公共设施建设费用，促使社会文明、进步；三是创造社会公益，为大众提供就业机会，让员工劳有所得，安居乐业，促进社会和谐。

其实这三种贡献完全可以用一句话来概括：承担好企业的责任。无论是为市场提供产品或者服务，还是为国家提供税费，为社会提供就业机会等，都是一个企业应该承担的责任，换句话说，如果一个企业连这么一点责任都无法很好地承担，失败在所难免。当然，一个企业要承担责任，关键是这个企业的领导人要有足够的责任意识，领头羊好，羊群才能安全吃到最嫩的草。

2011 年 4 月，一个姓叶的朋友开发经营某地块的楼盘，楼盘已经封顶，开始大张旗鼓预售，由于地段比较好，销售形势很好，很快就被认购了 50%。一切工作原本进展顺利，不幸他却突发心脏病亡故，留下一大摊事情无人处理。

在这种情况下，楼盘建设停止，一切经营活动都被迫打乱、中断，并引起"蝴蝶效应"，形势相当严峻。建筑商担忧无法收取建筑工程造价款，当即宣布停工；建筑材料供应商中止供应建筑材料；购房户担心成为"烂尾楼"，纷纷上门要求退款；而投资商也来凑热闹，要求拍卖半拉子工程，收回投资款……一时间，暗流涌动，几乎所有人都不知道这件事情该如何合理解决，坐等事情出现奇迹。

就在此时，一个姓黄的建筑材料供应商站出来表示愿意接手把楼盘建设好，完成叶姓朋友的未竟事项。为摸清财务状况，他先行清理该楼盘半拉子工程的债权债务。为了慎重，也为了取得政府相关部门的支持，他还请求政府机关单位给予协助。

经过两个多月的努力，该楼盘的债权债务清理完毕。从清账的财务结果预算，如果把楼盘当“烂尾楼”拍卖，结果只能清偿债务的40%，是资不抵债。如果继续投资，把楼盘建设好，完善好，用销售商品房的收益清偿债务，还债务能力可以提高70%，可以减少一定的损失。最后，他把这个结果告诉所有债权人，如果都按七折的标准清偿债务，事情就能做下去，否则只能按照“烂尾楼”处理，债权人只能获取40%的债权金额。事实摆在面前，孰轻孰重大家都很清楚，债权人纷纷与姓黄的建筑材料供应商签订协议书，由姓黄的建筑材料供应商继续投资，楼盘开始复工建设。

一年多时间以后，这个眼看就要成为“烂尾楼”的楼盘竣工验收。庆功会上，大家都夸赞姓黄的建筑材料供应商做得好。他却平静地对大家说：“我接手把这个楼盘建设好、完善好，是完成了朋友未竟的事业，是一种负责任的作为，是做了自己应该做的事！虽然我付出了精力，投资了金钱，没有赚钱，却赚到了心安理得！”

责任，多么平凡的一个词语，此时此刻在我们听来，却是如此的响当当，如此的可贵。事实上，在我们身边，又有多少企业创富人具备“责任”意识呢？个人责任都无法承担，更何况是公众责任、社会责任？

记得又一次，有人问我：“创业者的社会责任是什么？”

我说：“创业者最主要的社会责任就是把企业做好，为社会大众提供更好的产品和服务；还要努力增加投资，增加就业机会；照章纳税，扩大社会福祉。至于公益事业，那只是一种社会润滑剂，公益事业的主要责任在于政府。创业有成后，还要力所能及地多做一些公益事业，主要是为社区服务，为社区建设多做贡献，推动社区文明、进步。”

我经商办企业，白手起家，从零开始，不管是公有制企业还是私营企业，都是勇于担当的性格和对社会负责任的态度促使我勇往直前，实现经营目标。我在经营管理企业过程中养成的责任意识具体表现在四个方面：

一是职业意识，积极参与职业岗位的思想、动机、追求；

二是职业资质，胜任职业岗位的资历、学识、能力；

三是职业行为，努力从事职业岗位的行动、作风、表征；

四是职业道德，在完成职业岗位过程中表现敬业精神，信念、情愫、觉悟。

“意识”是基础，“资质”决定“行为”，“道德”是规范。具体来讲，有以下几种关系存在：

其一，受职业化理念支配，敬业精神好，职业行为表现必然好；反之，表现必然不好。

其二，市场竞争，依靠产品力、销售力、形象力的支持。在商场中物化反映是品牌形象，是创业者的无形资产。品牌形象越好，公众信誉复盖区域范围越大，品牌价值越高，创业者的无形资产越多。

其三，无论创业者才华如何出色，也不能凌驾于法律权威之上，勿以善小而不为，勿以恶小而为之。有时，一个小小的恶念，就会将一个杰出人物自我击毁。

其四，理智的心态，对法律法规的尊重，对他人人格的尊重，对员工队伍人权的尊重，是创业者生长、成功，不可或缺的品质。绝不能因为一时之冲动，做出有违公民道德的行为，从而毁掉了前途，令人遗憾，痛惜！

其五，在经营管理企业过程中讲仁爱，是人权为本，热爱生活；是仁义为怀，友爱群众；是奉献为荣，造福社会。仁爱奉献包涵着痛苦的、伟大的、高尚的自我牺牲精神。无私无畏，至高无上。具有仁爱的思维，坚持“诚信为本”的原则立场，造成诚实守信的经营环境，追求财富的欲望才不至于沦丧为纯利欲的冲动，不至于导致物欲的膨胀人性的泯灭，不至于造成社会秩序的混乱和资源的浪费。

在企业经营中，勇于担当责任，是理想，是作为，是境界。是理想境界高尚而拥有通达人情世故的大学问，持之以恒，一步一脚印，真干、实干，在市场竞争中搏弈，走向健康发展的康庄大道。

创富锦囊

企业不仅仅是谋取自身利益最大化的经济体，企业作为社会的细胞体，还是社会整体财富积累、社会文明进步、环境可持续发展的重要推动者。企业在发展过程中，需要充分考虑经济、社会、环境这三重底线，需要对员工、消费者、供应商、社区、环境等一系列对象负责。简单说，企业的社会责任承担得好坏，直接关系企业形象的塑造以及后续经营的潜力。

三十四、浅述创业者的是非功罪

在企业创富过程中，不可避免的一个现实是：不少创富者在不知不觉中惹上是非，免功赎罪，暂且不管这些创富者本意是什么，有一点是肯定的：他们的企业已经很难有大的突破，甚至很有可能走向消亡。对于创富者的是非功罪，别人是怎么看待和规避的，有什么可借鉴的经验教训吗？

2008 年 5 月，借着在西安参加中国民营企业家高峰论坛的机会，和几个朋友一起游览了华山。

华山是我国著名的五岳之一，海拔 2154.9 米，位于陕西省西安以东 120 公里，历史文化故地渭南市的华阴市境内，北临坦荡的渭河平原和咆哮的黄河，南依秦岭，是秦岭支脉分水脊的北侧的一座花岗岩山。凭借大自然风云变换的装扮，华山的千姿万态被有声有色地勾画出来，是国家级风景名胜区。当我们到达顶峰时，真正感觉到了擎天之柱西岳华山那奇特险峻的情景！真是“一览群山小”。俯瞰四周，石壁、悬崖、绝顶，险情突起，奇峰直插天空，群山层峦迭嶂，怪异雄伟无比。

一行人在导游的带领下，不知不觉来到莲花峰下。此时，导游开始讲述华山的神话故事“劈山救母”。

天将二郎神的妹妹三圣公主动情迷恋俗人，下凡来到人间结婚生育。她的儿子就是小英雄沉香。他们一家子正过着幸福生活的时候，被二郎神发现了，是他把三圣公主抓起来压在了莲花峰下。沉香从小不见妈妈，直到 16 岁的时候，父亲才告诉他，妈妈被舅舅压在华山莲花峰下。沉香听说之后，非常愤怒，决心要救出母亲。父亲告诉他，要救出母亲是非常困难的事情，首先要战胜二郎神，而二郎神武艺高强，还有哮天犬难于对付，其次，压迫母亲的高山大石岩也难于搬动，必须有巨大的神力才能移动大山，救出母亲。所以你必须先去拜师学艺，获得神功以后才能解救你的母亲。

为了救出母亲，小沉香不怕艰难曲折，排除千难万险，踏遍青山绿水，找到灵台山，找到了霹雳大仙，认真学习神功武术。经过八年时间的学习，终于学得了一身高超的武艺，拥有了移动山河的神功力量。

自此，小沉香拜别师父，开始踏上解救母亲的征程。他的行为感动了他妈妈的好朋友朝霞仙子，她决定帮助这个孩子。一天，朝霞仙子来到沉香面前，送给他一盏宝莲灯，说："这是你妈妈的宝物，关键时刻它会帮助你的。"沉香接受了宝莲灯，直奔华山，来到二郎神庙前，找到二郎神，要求解放母亲，二郎神不同意，他放出哮天犬，来对付小沉香。被沉香飞起一脚，把哮天犬踢下山崖，二郎神大惊，亲自挺戟来战沉香，沉香并不害怕，举枪大战二郎神。正酣战得难分难解时，宝莲灯忽然化作一条金龙，飞向二郎神，并把他打翻在地。二郎神见状，只好逃走。沉香骑上金龙，直奔莲花峰。来到了莲花峰下，看见那高大坚硬无比的巨石，依稀听见了母亲在巨石里面的呼唤之声。

沉香在想怎么才能救出母亲呢？正在沉思默想寻找办法的时候，宝莲灯忽然缓缓升空，化作一把锋利的巨斧。见此情景，沉香大喜，跳向空中，接过神斧，奋力劈向莲花锋。一声巨响过后，莲花峰被劈成两半，三圣公主从里面走了出来。沉香扑向妈妈的怀中，从此以后，他们一家人又幸福地生活在一起。

这则故事很凄美，也很励志，里面的人物代表了旧势力和新思维的观念冲突，如果把具有新思维的三圣公主、朝霞仙子、沉香比拟为冲击旧势力的创业者，那么，二郎神、哮天犬就是阻碍改革的旧势力代表。二郎神们总在打压沉香们的事业，由于旧势力影响，沉香们主观和客观的种种原因，也走马灯一样潮涨潮落，风光瑰丽的不乏其人，只是不足几天又都黯淡无光，不知踪迹……

类比创业者的是非功罪，一些人仅仅是因为忽略了做事的某个程序而获得了罪名，他们甚至根本不知道是怎么样违反了法律法规而受到刑罚的。为了某种需要与政府官员打交道是最难拿得准的事情，太远了不行，太近了也可能因此而招致麻烦。一些人为了政治上的需要，认为有一顶“红帽子”好办事，结果是招来了产权定义模糊，或被某些过时的法律指控获得“侵占公有资产”罪名，而执法部门的选择性执法行为，更加大了防范难度。一旦出现这些问题，企业经营很有可能遭遇大的波折。

商场上的各种因素，是是非非，见证了市场经济在中国社会体制和法律制度的变迁过程，许许多多的难题，点点滴滴的感受，切肤之痛的事情是一桩接着一桩。做企业艰难，既有来自于内部的各种各样的压力，也有来自于外部环境的压力，只要有某一个方面的问题没有解决好，就有可能遭遇灭顶之灾，甚至于要遭受牢狱之苦。

很多人都说，创业者离失败的门坎可能只有一步之遥，与监狱的距离也比较人们的想象要近得多，这句话一点都没有错。创业是无中生有的事业，既要敢于破旧、敢于创造、敢于创富，又要掌握分寸，不超越现行法律法规的底线，就像攀登华山一样，规规矩矩地经历艰难险阻，不断走向峰顶，实现成功。如果乱蹦乱跳，有可能是一刹那间，翻身落马，跌落万丈深渊，而彻底失败。多少人像三圣公主那样，由于种种原因被抓起来，被镇压在监狱之中。虽然前车可鉴，后来者还是不乏其人其事，总是前赴后继！

改革开放成就了一大批商海弄潮的佼佼者，散布在各行各业中，能够长期稳定地发展的却为数极少！暗中杀出和默然退去本来也是正常，但是，创业者经常出事却往往令人遗憾，感叹。创业者群体本来是社会文明进步的巨大力量，这些问题的出现对于社会发展造成了极大的损失，值得同情，值得借鉴。

为什么会有这样多的人在不甘心的情况下退出市场呢？一方面是多得让人感到欲罢不能的市场机会，另一方面又是模棱两可动辄得咎的法律法规，构成了中国商业特色的突飞猛进的市场景观，既不能把自己的手脚捆绑了，也不能无视市场经济秩序的不稳定性以及经济法律法规滞后性的危害性。正是由于市场和法律还不成熟，商业环境更加复杂多变，所以再也不要用打擦边球的行为方式去进行经营活动，尽管发展速度会慢一些，但是会有保障，会比较容易适宜于生存。

沉香们要改革，要发展，要战胜“邪恶”，光有决心不行，更加需要有能力，需要有艰苦奋斗精神，还需要有人帮助、扶持。创业前途，就似狩猎，目标是隐蔽，难以捕获；有太多的不确定性，难以抉择。在事业前途的选择过程中，面对现实中的许多信息，各种各样的资源，如何评价，如何决策？需要有判断力。判断准确，选择对了，事业成功，判断错了就是失败。

创富锦囊

影响企业生存的因素有很多，市场的因素、经营的因素，除此之外，还有一项很多人都没有想到的，那就是政治因素，无论如何，这是难以规避的。在中国如此，在国外也是如此。企业的创富过程，要综合规避以上因素，才不至于惹上是非，才有可能有所成就。

三十五、“人格魅力”成就事业

在中国的企业界，不少知名企业家都在强调个人魅力在企业经营中的重要作用，比如张瑞敏、杨元庆等，企业家的个人魅力真的有如此重要吗，在企业经营过程中，他们的个人魅力能够起到决定性的作用吗？

2012年，我又一次经受了企业经营前途未卜的苦恼。由于房地产遭遇长时间的严厉打压，我们企业的资金成本大大增加，建筑成本也由于种种原因比较预算造价大幅提高，房产销售价格又一路走低，并且钢性需求的购房客户都有观望意识，不愿意出手买房。多种因素综合，使我们公司的债务负担大量增加。如何解决债务问题，制约企业前途命运！实在令人担忧。

正在这个时候，一个朋友介绍我认识了一个在深圳经营某国际品牌汽车4S店的王老板，他已经80多岁了，也是退休后白手起家创业，他在国内的净资产约2个多亿元人民币。

在与他短短的接触当中，已经感受到发自他身上的浓浓的人格魅力，这种感觉很好，却很难形容出来。简单点说，在和他的接触当中，你会觉得很舒服，坦然。同样，听他的客户讲，和他做生意，也是这种感觉。

这位老先生身上的魅力到底从何而来呢？在与他的交流当中，我找到了答案。

刚走进他的办公室，我就看到了挂在墙上的他自己书写的条幅，其中最大的两副是“忍”字和“奋”字，被挂在最显眼的地方。

看我在欣赏他的字画，他干脆把这两幅字画取了下来，仔细包好送给我。然后他说：“宽宏大量忍最高，遇事三思乃英豪，流言蜚语随它去，卧薪尝胆为成就，而奋则是有志事成靠奋斗，破釜沉舟无回头，天地不负有心人，花团锦簇丛中笑。”

对于他的解释，我表示赞同。在接下来的聊天当中，他又说道："古代有一首《六忍歌》，富者能忍保家，贫者能忍免辱，父子能忍慈寿，兄弟能忍义笃，朋友能忍情长，夫妇能忍和睦。要是我说，那就是创业者能忍，成就事业！20多年前，退休后，靠亲戚的借款100万元起家，学习买卖汽车，父女兵，只有三四个人。现在，资本金是2个多亿元人民币，增加了200多倍，员工三四百人，扩大了100多倍。回顾创业过程的风险，大多数情况下，我都是靠忍挺过来的！如果要说成功经验，忍当属第一位的。历史长河中有很多为人们传颂能'忍耐'而获得成功的英雄事迹。唐太宗李世民能容忍魏征的逆耳忠谏，使他免于失去一位'智多星'式的忠臣。清朝末年，国贼袁世凯为实现称帝美梦，对当时的滇军将领蔡锷将军实行软禁控制，蔡锷也曾是因为能忍耐而渡过难关的。汉初名将韩信胯下受辱的典故更是成为古今传颂的美谈，他在面对赖皮无理的要求时，忍耐着性子，跪在地上，从赖皮的胯下爬过而遭羞耻污辱。他忍胯下之辱而图盖世功业的故事成为千古佳话。假如韩信没有一点忍耐精神，而为争一时之气，一剑刺死凌辱他的屠夫，按法律处置，则无异于以将才之命抵偿无知狂徒之命，那就等于自弃功名，实在不值得！韩信深明此理，为自己的长远前途，忍辱负重，结果成就了英名盖世的业绩。新中国的开国元帅陈毅说：'我在这里提倡一种哲学——忍耐。要沉住气，不要怕打击，要受得起委屈。为了人民的事业，对人民内部矛盾，要委屈求全。'"

"那么第二位的是什么呢？"听了他的话，我知道他是一个有故事的人，便循着他的话问了下去。

他说："第二位的就是'奋'，忍耐和奋斗联系在一起才有前进的动力。能'忍耐'，敢'奋斗'体现了'失败乃成功之母'的丰富内涵，是智慧和力量。它鼓励、鞭策着创业者为实现自己的理想而百折不挠地拼搏，忍辱负重可以产生常人难以置信的毅力，支撑艰苦奋斗！古今中外能成大事者，无一不是在艰难险阻面前，能忍受人所不能忍。如果性情暴躁、一触即跳的人往往不能成就大事业。古人强调说：'夫君子所取者远，则必有所待；所就者大，则必有所忍。'忍耐不是目的，是实现志向的手段，为奋斗目标服务。诸葛亮说：‘善将者，其刚不可折；其柔不可卷，故以弱制强，以柔制刚。纯柔纯弱，其势必削，纯刚纯强，其势必亡。’要刚而能忍，奋力拼搏，才能克敌制胜。”

他的话很多，纵观我自己的创业历史，很多时候都是靠“忍耐”和“奋斗”走过来的。忍耐不是无条件的妥协，而是为了奋斗，寻找另外一条路。

“老先生，除了忍耐和奋斗之外，你觉得要成功，还需要哪些方面的个人素质呢？”喝了一口茶，在场的另外一位朋友开口问道，显然，他对这位老先生的成功经验也很感兴趣。

老先生笑了笑说：“那就是‘诚’与‘信’，创业要成功必须崇尚诚实和信用，表现人格魅力。讲诚信经商，富有号召力、亲和力；可以凝聚员工队伍的人心，效忠事业，征服顾客。‘守信’是基础，‘真诚’是吸引力。做生意不守信用，顾客很快就流失。在商战中攻城略地，依靠真诚守信吸纳才华横溢的良师益友，诚心相知，引导捕捉机遇，帮助挖掘事业资源，超水准发挥智力效能，紧跟时代步伐，适时进取，获得成功。信用和诚实，互相联系，互为依存。它可以概括为三种力量：道德的力量、意志的力量和智慧的力量。这三种力量扭结在一起，会使人有修养，品格好，情操高尚，产生巨大的推动力，促进进取，帮助成功。信用与诚实，会使人产生沟通、深交的欲望。创业者与群众和睦相处，就能获得支持，创业就能成功！对人不诚实，不讲信用，不能卑己下人的领导者，迟早会有一日失去下属的支持和信任。没有群众基础，则没有创业力量，没有创业力量哪来创业成功?有能力的领导者，应该收敛自负心，勇挑重担，敢于承担责任，这样才能为群众拥护，也才能有所作为。”

老先生的一番话说到我的心坎里了，辞别老先生后我就在思考：管理者的品德——也就是人格魅力，在企业创富过程中能起的作用是关键的。无论大的企业，还是小的企业，它的兴亡，都深深打着企业领导人的烙印，“兴于斯、亡于斯”，一个好的企业管理者，除了拥有现代化的管理才能和应该具备的良好的个人品质之外，还应该具有让人认可的人格魅力，这样才能打动人、吸引人，赢得被管理者或你的下属的依赖、信任。他发出的号令，才有感召力，才能一呼百应，令行禁止。许多条件下，这种管理者个人品德、情操产生的亲和力与管理之下权力所产生的效力成正比、亲和力越强，反之，则亲和力越弱，管理所产生的效力减少。一个企业如果没有亲和力，就不会产生凝聚力，一个企业没有凝聚力，怎能产生竞争力，没有竞争力的企业又怎能有生命力呢？

创富锦囊

管理者的品德——也就是人格魅力，在企业创富过程中能起的作用是关键的。无论大的企业，还是小的企业，它的兴亡，都深深打着企业领导人的烙印，“兴于斯，亡于斯”，一个好的企业管理者，除了拥有现代化的管理才能和应该具备的良好的个人品质之外，还应该具有让人认可的人格魅力，这样才能打动人、吸引人，赢得被管理者或下属的依赖、信任。

三十六、弘扬企业家精神

在企业经营过程中，我们常听到一个词：企业家精神。那么什么是企业家精神？在企业创富的过程中，该如何修炼、弘扬企业家精神呢？

日本著名经营管理评论家若林照光说："日本企业成功的秘诀归结到一点，就是办企业需要一种精神——企业家精神。"企业家称谓是从法语中借来的，原意是指"冒险事业的经营者或组织者"。敢于承担"风险"，善于"冒险"，在某种程度上来说，企业家就是冒险家，企业家的精神就是一种内涵丰富的冒险精神。

企业家不完全是职业经理人，也不同于传统观念上的商人。他们有着深刻的内涵，懂得创新，有责任、有担当、有荣誉。他们在商场上逐利，但是有自己的道德底线，懂得有所为和有所不为；他们爱财但不吝财，既深悉自己肩上的责任重担需要财富支撑，也能用清醒的态度对待财富，在自觉或不自觉地为社会物质文明做贡献。

当今时代，随着市场经济的发展，创业者都面临着新的经济"转型"的考验。这种"转型"突出的特点是要求企业经营必须由粗放型向精确型"转型"；企业的发展动力由依赖政府支持向依靠社会、金融支持"转型"。在新形势下，必须努力地促进改革发展，努力地开拓融资渠道，走出新路。新形势压迫着企业家肩负社会责任，勇于创新，不断成功，不断前进。

企业家精神的力量是超然的，它会越过企业界限，成为推动社会进步的力量。解放前，我国著名企业家卢作孚先生于1926年创建民生实业公司，开始时仅有一艘20吨的小客轮和30名职工，20年后发展为中国当时最大的一家民营轮船公司。在公司发展过程中，逐渐形成了"民生精神"，深受社会各界称赞、推崇，成为当时民众的学习榜样，对社会进步起了良好的促进作用。

卢作孚先生确定办企业的宗旨是“服务社会，便利人民，开发产业，富强国家”。他的企业精神是：“梦寐不忘国家大难，作息均以人民为乐。”其职业道德是：“安全，迅速，舒适，清洁。”办事信条是：“个人为事业服务，事业为社会服务。”“个人的工作是报酬的，事业的任务是经济的。公司的问题，职工来解决；职工的问题，公司来解决。”

这样的精神，在当时是极富进步意义的，对促进抗日，推动中国民族经济的发展和社会进步起了极大的作用。解放后，五十年代有著名的“孟泰精神”，六十年代有举国学习的“大庆精神”，“三老四严，四个一样”、“约法三章，三个面向”，这些熟知的企业家精神，不仅促进了企业的发展，对整个社会也产生了极大的影响。

当代的企业家自有特质，他们是在市场经济全球化的精神动力推动下去拼搏、去奋斗！他们是在社会责任感的推动下努力实现经济发展；勇于承担大责任，为企业、为国家的兴旺发达去奋斗不息。

企业家精神是一种以市场经济为主导的“王者称霸，赢家得利”的竞争力。也就是说，竞争的逻辑推动了社会经济发展。竞争的结果，常常是两败俱伤。这样的事实警示教育企业家要寻找和谐共赢的新出路：既要搞竞争，又要团结协作，互利互惠。当代市场经济体制的法则是竞争机制的法规和政策，竞争是市场机制的行为方式和基本原则，优胜劣汰是它的具体表现形式。这种带有中国特色的市场经济的文明竞争，应该是当代企业家的精神砥柱。

企业家精神是企业文明建设的有力保证，他们不仅是企业经济行为的责任人，而且还是企业文化、企业文明建设的设计师和实践者，是企业行为的发动机。他们的思想、性格、言行会通过领导机制、劳动人事制度、经营活动、管理风格以及日常工作等各个方面的渗透，直接影响企业员工的行为和思想，使企业成员在言谈、举止、行为等方面形成一定的模式，表现出企业文明的程度。

企业家在企业中拥有权威的权力和支配力，是企业家充分发挥其聪明才智的杠杆，他们的价值观，沉淀为企业文化，企业家根据自己的信念获取精神力量，也重视培养员工认可共同的价值观念，明确应该做些什么。不断地激励团队，让每个人都感觉到在公司里的存在价值，自己的劳动结果不仅仅是为了拿工资，而是为一个共同的价值观念在奋斗不息。他们的精神价值观是企业文化的重要组成部分，企业的成功在于“全体员工能分辨、接受和执行组织的价值观”。

企业家精神的力量是永存的，如果离开物质基础将会成为无源之水。企业管理必须重视人的因素，必须重视精神的重要作用，大力弘扬企业家精神！

创富锦囊

在民营企业快速发展的今天，如何避免企业“昙花一现”的短命现象，除了要规避一些违法犯罪的经营行为外，还应该持续关注、修炼企业家精神。尽管这是一个很玄乎的概念，每个人都有每个人的解释，但一定包含素质、责任、创新等几个方面。具备企业家精神，能够让你自信满满，克服失败的阴影，从而一飞冲天。